Teologia feminista negra

Dados Internacionais de Catalogação na Publicação (CIP)
(Câmara Brasileira do Livro, SP, Brasil)

Teologia feminista negra : vozes que ecoam da África e da América Latina / organizadora Cleusa Caldeira. – Petrópolis, RJ : Vozes, 2023.

ISBN 978-65-5713-970-7

1. Cristianismo – Aspectos sociais 2. Espiritualidade 3. Feminismo – Aspecto religioso 4. Mulheres negras 5. Teologia – Aspectos sociais I. Caldeira, Cleusa.

23-152107 CDD-230

Índices para catálogo sistemático:
1. Teologia : Cristianismo   230
Henrique Ribeiro Soares – Bibliotecário – CRB-8/9314

Teologia feminista negra

CLEUSA CALDEIRA (org.)

Vozes que ecoam
da África e da
América Latina

Petrópolis

© 2023, Editora Vozes Ltda.
Rua Frei Luís, 100
25689-900 Petrópolis, RJ
www.vozes.com.br
Brasil

Todos os direitos reservados. Nenhuma parte desta obra poderá ser reproduzida ou transmitida por qualquer forma e/ou quaisquer meios (eletrônico ou mecânico, incluindo fotocópia e gravação) ou arquivada em qualquer sistema ou banco de dados sem permissão escrita da editora.

CONSELHO EDITORIAL

Diretor
Volney J. Berkenbrock

Editores
Aline dos Santos Carneiro
Edrian Josué Pasini
Marilac Loraine Oleniki
Welder Lancieri Marchini

Conselheiros
Elói Dionísio Piva
Francisco Morás
Gilberto Gonçalves Garcia
Ludovico Garmus
Teobaldo Heidemann

Secretário executivo
Leonardo A.R.T. dos Santos

Editoração: Natália Machado
Diagramação: Sheilandre Desenv. Gráfico
Revisão gráfica: Nilton Braz da Rocha / Fernando S. O. da Rocha
Capa: WM design
Ilustração de capa: Adinelson Filho Àkànbí Ọdẹ

ISBN 978-65-5713-970-7

Este livro foi composto e impresso pela Editora Vozes Ltda.

Sumário

Introdução, 11
Parte I – Resistências epistêmicas, éticas, espirituais, culturais das mulheres africanas, afrodiaspóricas e ameríndias, 25
I Lobolo: uma linguagem simbólica ligada à tradição e que desafia o tempo e as gerações, 27
   Introdução, 27
   1 O lobolo, 29
   2 Uma breve história da prática do lobolo na região sul do Rio Save, 31
   3 O lobolo e as expectativas das famílias e da sociedade na tradição, 35
   4 O lobolo e os desafios lançados pela sociedade atual, 41
   Considerações finais, 43
   Referências, 44

II Feminismo negro, afrocentricidade e teologia negra feminista: um encontro inadiável e imprescindível, 47
   Introdução, 47
   1 Contribuições do feminismo negro, 49
   2 Contribuições da afrocentricidade, 51

3 Contribuições da teologia feminista negra, 53
4 Interseção entre feminismo negro, teologia negra e afrocentricidade, 55
5 A experiência das mulheres negras evangélicas, 77
Considerações finais, 59
Referências, 60

III Tecendo o sagrado com fios quebrados e queimados, 63
   1 Sentir/pensar de caminhos compartilhados, 63
   2 Memórias que desenharam o tecido que oferecemos, 65
   3 A cura dos corpos como um caminho cósmico--político, 69
   4 Reconstituindo o Bem Viver, 74
   5 Tecendo as espiritualidades ancestrais, 78
   6 A harmonização das forças duais, 80
   7 Seguindo as forças vitais femininas, 86
Referências, 91

IV Espiritualidade, ecofeminismo e decolonialidade a partir de algumas poetisas e cantoras afro-colombianas e caribenhas, 93
   Introdução, 93
   1 O pensamento ancestral, 98
   2 A miscigenação cultural triétnica, 106
   Conclusão, 110
   Referências, 111

V Os protagonismos de mulheres negras em suas organizações no Nordeste do Brasil, 115
   Introdução, 115

1 Mulheres negras nordestinas e seus agenciamentos, 118
2 Organizações de mulheres negras do Nordeste do Brasil, 126
    2.1 Dados coletados durante o Encontro da Rede de Mulheres Negras, 128
    2.2 Organizações de mulheres negras na Região Nordeste do Brasil, 130
    2.3 Recorte e categorização dos dados coletados, 134
3 Práticas educativo-culturais e alternativas de Bem Viver, 137
    3.1 Princípios orientadores das ações e práticas educativo-culturais, 139
    3.2 A ancestralidade como princípio regulador da religião de matriz africana, 140
Considerações finais, 146
Referências, 148

VI Desigualdade de gênero e as mulheres na Igreja na Nigéria, 153
Introdução, 153
1 A mulher na Escritura, 156
2 As mulheres na sociedade, 158
3 O papel das mulheres na Igreja, 159
4 Mulheres na história da Igreja na Nigéria, 163
5 Mulheres na liderança da Igreja, 165
6 Mulheres religiosas na Nigéria, 167
7 Teologia feminista, 170
Conclusão, 174
Referências, 179

Parte II – Leitura bíblica na perspectiva da mulher negra/africana, 181

VII Mulheres ousam fazer releituras originais da Bíblia, 183
  Introdução, 183
  1 Esclarecendo os conceitos: "leituras femininas" e "leituras feministas", 184
    1.1 Leituras "femininas" da Bíblia: interesse renovado pelas mulheres na Bíblia, 184
    1.2 Leituras feministas da Bíblia: uma "hermenêutica da suspeita", 186
  2 Leituras feministas desenvolvidas por exegetas africanas e estudiosas bíblicas, 192
    2.1 Exemplo de uma leitura feminista popular da Bíblia, 192
    2.2 Uma contribuição de Madipoane Masenya, 194
    2.3 Contribuições de Musa Dube, 195
  Conclusão, 198
  Referências, 199

VIII Feita da costela: uma compreensão de Gênesis 2,18-24, 203
  Introdução, 203
  1 Percepções sobre a identidade da mulher na história, 205
    1.1 Interpretação da história do Éden pelos Pais da Igreja, 205
    1.2 Transformações históricas e culturais na perspectiva das mulheres, 207
  2 A criação da mulher em Gênesis 2,18-24, 210
  3 Feita da costela do homem: a mulher no desígnio de Deus, 212

Conclusão, 216
Referências, 217

IX Ismael: aquele que sofre, mas também sabe sorrir! Outros olhares sobre o choro e o riso de um menino (quase) esquecido, 218
   Introdução, 218
    1 E o que há por trás dessa história?, 224
    2 Quando o riso da criança incomoda, 226
    3 Eles querem o nosso choro, mas Ismael ainda ri..., 231
   Considerações finais, 234
   Referências, 235

X Leitura feminista negra da Bíblia: Cântico dos Cânticos 1,5-6 e África como autorreferencial, 238
   Introdução, 238
    1 Cântico dos Cânticos, 243
      1.1 Poemas eróticos na Bíblia(?), 244
      1.2 Poemas de Salomão ou poemas femininos?, 248
      1.3 O poema da mulher negra em Cântico dos Cânticos 1,5-6, 250
    2 Desvendando e transgredindo a estética racista, 251
    3 África no centro da autodescrição, 258
   Considerações finais, 267
   Referências, 268

Sobre as autoras, 273

Introdução

Esta ciranda não é minha só
Ela é de todas nós. Ela é de todas nós.
A melodia principal quem guia
É a primeira voz. É a primeira voz.
Versos cantados por Lia de Itamaracá,
mulher negra pernambucana.

Este livro surge do desejo de entoarmos melodias a partir do Sul Global. Melodias ancestrais. Melodias de irmandade e dororidade. Melodias de resistência e reexistência. Para isso, iniciamos um processo de busca e escuta das vozes que foram e têm sido invisibilizadas pelo relato unívoco da Modernidade euro-americana. Descobrimos que muitas são essas vozes marginalizadas e que juntas podemos conectar nossas melodias e assim apresentar uma ciranda de narrativas particulares com abertura ao pluriversal. Por meio de nossas vozes desejamos conectar, assim, projetos político-epistêmicos a partir da periferia do mundo moderno colonial patriarcal. Partimos de uma experiência comum a todas nós, somos mulheres negras/africanas/ameríndias e teólogas cristãs. Isso significa que, por um lado, somos mulheres invisibilizadas e subalternizadas; mas, por outro lado, encontramos na fé cristã inspiração para reconstruir a identidade e, sobretudo, engendrar uma luta política em favor dos nossos povos e culturas.

A mesma luta que Jesus de Nazaré, embalado pela ciranda da *Ruah* divina, travou para resistir às forças da injustiça e da morte e, assim, inaugurar o Reino de Deus para que todas as pessoas tenham "vida em abundância" (Jo 10,10). Como discípulas de Jesus Cristo, participantes da ciranda divina, lutamos para colocar limite às forças da injustiça e da morte e, ao mesmo tempo, engendramos projetos capazes de gestar vida abundante em nossas comunidades. Acreditamos que a teologia tem um papel fundamental em preparar mentes e corações para o advento de uma nova humanidade, na qual a justiça e a paz se abraçarão.

Ser mulher africana, mulher afrodiaspórica, mulher ameríndia e, ao mesmo tempo, abraçar a fé cristã, para muitas pessoas significa negar a própria identidade. Afinal, por séculos a teologia cristã e a Bíblia foram instrumentalizadas para subjugar o corpo da mulher, especialmente o corpo da mulher não branca, considerado inferior ao corpo do homem e da mulher branca. De igual maneira, a mesma teologia e a Bíblia serviram para autenticar a racialização, por meio de uma hierarquização da humanidade, com a construção da retórica moderna da superioridade da "raça" branca e da inferioridade da "raça" negra. Essa retórica moderna consagrou um imaginário socorreligioso racista, no qual tudo o que não era europeu, ou seja, as demais culturas do Sul Global, pertencia ao reino do animal, do primitivo e do diabólico. Com efeito, sob a agência colonial, o não europeu e o não branco passaram por um processo de invisibilização e subordinação que levou à precarização da vida em todas as suas dimensões.

De fato, um olhar crítico da história do cristianismo ocidental não pode negar a cumplicidade da religião cristã no epistemicídio cometido contra as culturas e as espiritualidades africanas e ameríndias, ao impor a particularidade da experiência europeia de Deus como se fosse a única possível e legítima. Foi o cristianismo eurocentrado e monocultural o responsável pela demonização das culturas africanas e ameríndias, servindo de "coluna vertebral" do eurocentrismo, autenticando teologicamente o epistemicídio e a escravidão negra, instaurando o mundo da intolerância religiosa.

Contudo, essa versão de cristianismo que colonizou a África Subsaariana e a América Latina, apesar de hegemônica, sempre encontrou resistência por parte dos sujeitos/das sujeitas colonizadas e invisibilizadas, pois sempre houve resistência no interior mesmo do cristianismo, tanto no continente africano como na América Latina. Inúmeros são os protagonismos das mulheres africanas e mulheres ameríndias que resistiram a partir da própria lógica do cristianismo. Mas esses protagonismos permanecem invisibilizados… Trabalhamos para dar visibilidade aos protagonismos daquelas que nos precederam.

E na esteira de nossas ancestrais, nós, mulheres de fé africanas, afrodiaspóricas e ameríndias, levantamos nossas vozes para narrar a nossa própria história e reinterpretar a história da redenção, na encruzilhada de nossas tradições culturais com a fé cristã. Com isso, assumimos o protagonismo de nossas próprias histórias.

Somos imensamente devedoras do feminismo que nos abriu o horizonte da crítica à razão patriarcal.

Contudo, historicamente o feminismo clássico se tornou insuficiente para dar conta da multiplicidade de experiências das mulheres, porque não considerou a sua diversidade, por exemplo, mulheres ameríndias e mulheres negras. O feminismo negro, o feminismo africano e o feminismo decolonial, por sua vez, atuam a partir das lutas e resistências das mulheres negras do continente africano, da diáspora e ameríndias. Isso passa pela restituição das vozes dessas mulheres e, evidentemente, dos seus protagonismos, bem como das suas epistemologias próprias e suas sabedorias milenares.

Na esteira do feminismo negro, africano e decolonial, nasceu esse projeto de publicar um livro somente com vozes de mulheres invisibilizadas e subalternizadas. Apesar do classismo, racismo e sexismo, os nossos protagonismos podem ser remontados às origens da humanidade. Eles são concomitantes às origens das narrativas bíblicas e à história do cristianismo. *Teologia feminista negra: vozes que ecoam da África e da América Latina* tem, portanto, um duplo objetivo. O primeiro se refere à territorialidade em si, quer dizer, o lugar no qual esses projetos político-epistêmicos vêm frutificando, pois da África à América Latina é possível escutar uma sinfonia de vozes de teólogas africanas, afrodiaspóricas e ameríndias. Contudo, essas teólogas seguem invisibilizadas, tanto pela academia quanto pelos movimentos sociais cristãos de libertação. Quantas teólogas negras você conhece ou estudou nas faculdades de teologia? Quantas teólogas ameríndias você conhece? E quantas teólogas africanas você já estudou? Você já se perguntou a razão pela qual você nunca ouviu falar de teólogas negras, africanas ou ameríndias? Como explicar essa invisibilização? Este livro quer colocar você em contato com essas vozes silenciadas e subalternizadas. O outro sentido possível para *Teologia feminista negra: vozes que ecoam da África e da América Latina* diz respeito às inúmeras possibilidades de se fazer teologia. O quefazer teológico não deve ser unívoco e monocultural. Pelo contrário, a recepção da mensagem evangélica deve ser realizada a partir da cultura de cada uma e não imposta por uma cultura que se apresenta como hegemônica e superior. Há, portanto, muitas possibilidades de fazer teologia. Toda teologia deve ser intercultural. É isso que desejamos demonstrar neste livro.

Teologia feminista negra: vozes que ecoam da África e da América Latina, além de recuperar o protagonismo das mulheres africanas, afrodiaspóricas e ameríndias cristãs na teologia, quer oferecer à comunidade acadêmica e aos movimentos sociais de resistências outras possibilidades de construir o discurso teológico, cujo sujeito teológico tem consciência histórica da opressão étnico-racial e de gênero. E, ao mesmo tempo, quer ecoar a importância da fé cristã no processo de libertação das sujeitas subalternizadas e invisibilizadas, pois testemunha que mulheres encontraram na fé cristã forças para resistir e reinventar a existência em seu contexto particular. Nesse sentido, o que apresentamos não tem como objetivo montar um novo relato unívoco acerca da fé cristã a partir da experiência particular da mulher africana, afrodiaspórica ou ameríndia. Pelo contrário, reconhecendo a multiplicidade de experiência das mulheres negras e ameríndias e, sobretudo, cada particularidade, este livro quer defender a importância da polissemia, da sinfonia de vozes.

Nosso desejo é dizer nossa própria palavra acerca de nós mesmas e nossa fé em Jesus Cristo e, ao mesmo tempo, animar a fé de outras mulheres subalternizadas e invisibilizadas. Somos protagonistas na história da redenção, tanto do passado registrado nos textos bíblicos quanto do tempo pós-bíblico e na atualidade. Nós queremos compartilhar com você uma porção da nossa história, a história de resistência de nossas irmãs africanas e indígenas, sobretudo, de nossa ancestralidade.

Nesta obra, o que se perceberá é que não há uma compreensão homogênea do que seja o movimento feminista e os seus instrumentais, como a hermenêutica da suspeita, por exemplo. Isso porque cada contexto histórico e eclesial também condiciona nossa recepção das teorias críticas. E, assim, pode limitar uma crítica mais contundente a todas as estruturas de opressão. Mas são inegáveis as contribuições do feminismo para a emergência do protagonismo das mulheres dentro de espaços tão masculinizados como o da teologia e das instituições eclesiásticas.

O livro é composto de dez capítulos, dividido em duas grandes partes. A primeira parte traz seis capítulos que teorizam as resistências epistêmicas, éticas, espirituais, culturais. A segunda parte, composta por quatro capítulos, traz interpretações bíblicas na perspectiva da mulher negra/africana.

No primeiro capítulo, "Lobolo: uma linguagem simbólica ligada à tradição e que desafia o tempo e as gerações", Ester Lucas José Maria recupera a tradição do lobolo.

Trata-se da discussão sobre o dote, como uma das práticas tradicionais das populações do sul de Moçambique, seu valor e respeito à dignidade da mulher. Recupera-se o lobolo como uma prática que remonta ao tempo anterior à colonização do país pelos portugueses e que se tornou sistematicamente combatida, quer pelo regime colonial, quer pelo regime de governação que se instalou no país logo após a independência. Ester mostra que essa prática não apenas resistiu à tentativa de eliminação, como também recrudesceu, e se metamorfoseou tornando-se polissêmica a ponto de ser integrada na Lei da Família com valor igual ao do casamento civil e do matrimônio religioso. Ao se desvendar o funcionamento da instituição do lobolo na cosmopercepção africana, ele emerge como uma resistência espiritual, pois está intrinsecamente vinculado à ancestralidade.

No segundo capítulo, "Feminismo negro, afrocentricidade e teologia negra feminista: um encontro inadiável e imprescindível", Valdenice José Raimundo busca os pontos de interseção entre o feminismo negro, a afrocentricidade e a teologia negra feminista. Nele enfatiza que essas teorias resultam da resistência das pessoas negras e da necessidade da centralidade das demandas pautadas pelas pessoas negras na diáspora. Ela traz à luz a importância da experiência de luta das mulheres negras evangélicas e o lugar das epistemologias que potencializam e ressignificam essa experiência. Nesse texto fica evidenciado o intrínseco vínculo entre a mulher negra e a comunidade negra. E que a libertação de uma implica a libertação da outra. O objetivo é fomentar uma maior reflexão sobre a luta das mulheres negras evangélicas e uma aproximação dessa luta às conquistas do movimento negro.

No terceiro capítulo, "Tecendo o sagrado com fios quebrados e queimados", Sofía Chipana Quispe, como a única ameríndia a contribuir neste projeto, faz teologia a partir das experiências de mulheres indígenas na Abya Yala. Experiências que são reconhecidas como parte dos "processos comunitários de resistências, de onde flui uma grande rede de relações que habitam nossos corpos, pela qual buscamos o *acorpamento* nos diversos espaços, a fim de *sentipensarmos* como corpos femininos excluídos, mas reconhecendo-nos nas memórias que habitam nossos úteros em vínculo com as matrizes ancestrais, graças às conspirações do cosmo".

No quarto capítulo, "Espiritualidade, ecofeminismo e decolonialidade a partir de algumas poetisas e cantoras afro-colombianas e caribenhas", Maricel Mena López analisa a contribuição de tradições orais e escritas de algumas poetas afro-colombianas e caribenhas como resistência ao colonialismo religioso dominante e enfrentamento à episteme filosófica ocidental. Maricel recupera as "tradições orais e escritas que têm sido cantaroladas, musical ou poeticamente, como evidências de uma espiritualidade política de resistência".

No quinto capítulo, "Os protagonismos de mulheres negras em suas organizações no Nordeste do Brasil", Lilian Conceição da Silva discorre sobre os protagonismos de mulheres negras a partir das práticas educativo-culturais de suas organizações no Nordeste do Brasil. Um texto que busca afirmar a tríplice discriminação imposta às mulheres negras por uma realidade cultural classista, racista e sexista e, também, revelar a religião como fator preponderante no "quefazer" dessas organizações para o enfrentamento ao racismo (violência racial) e à violência de gênero. O que se evidencia é que tais práticas têm base na ancestralidade, principal elemento da cosmovisão/cosmopercepção de matriz africana, como alternativas de Bem Viver.

No sexto capítulo, "Desigualdade de gênero e as mulheres na Igreja na Nigéria", Florence Adetoun Oso destaca a importância de uma hermenêutica feminista para o agenciamento da mulher na Nigéria e discute "o papel que as mulheres foram autorizadas a desempenhar na Igreja, como resultado da sutil discriminação de gênero que existe na Igreja e na sociedade nigeriana em geral". Florence destaca o apostolado das mulheres nigerianas cristãs, que, apesar da não ordenação, tem construído um legado na Nigéria. "O movimento feminista existe na Nigéria desde o século XIX. As nigerianas desempenharam papéis significativos na era pré-colonial e colonial, a fim de melhorar a sorte das mulheres". O movimento feminista na Nigéria surgiu como resultado da demanda das mulheres para melhorar o *status* da mulher e eliminar todos os fatores que as privam de desfrutar plenamente de seus direitos humanos.

O sétimo capítulo, "Mulheres ousam fazer releituras originais da Bíblia", de Josée Ngalula, de forma magistral inaugura a segunda parte desta obra, sobre as interpretações bíblicas na perspectiva da mulher negra/africana. Ngalula apresenta uma breve historiografia do protagonismo de mulheres africanas que ousaram realizar leituras originais da Bíblia. Ela descreve um quadro geral que permite diferenciar entre "leituras femininas" e "leituras feministas" da Bíblia. Em seguida apresenta algumas leituras feministas importantes que nos permitem contemplar o outro lado da história bíblica que foi suprimida pelo relato patriarcal. Também mostra a diferença entre feminismo ocidental e feminismo africano: "Pelo menos duas características principais diferenciam as feministas africanas das feministas ocidentais. Em primeiro lugar, sua abordagem inclusiva: o olhar feminista não se concentra apenas nos interesses das mulheres, mas está atento à libertação de todos, mulheres e homens, para seu pleno desenvolvimento como criaturas de Deus salvas em Jesus Cristo. É por isso que as feministas africanas lidam com todos os problemas sociais que incomodam este continente. Em segundo lugar, as feministas biblistas africanas optaram por ouvir leituras populares da Bíblia, especialmente as de mulheres, e integrá-las à reflexão teológica acadêmica". Assim, ao final, Josée introduz duas das principais exegetas africanas, Madipoane Masenya e Musa Dube, demonstrando a importância da Bíblia no processo de libertação no contexto africano.

O oitavo capítulo, "Feita da costela: uma compreensão de Gênesis 2,18-24", MarySylvia Nwachukwu recupera a conflituosa narrativa bíblica da criação da mulher a partir da costela de Adão que, ao longo dos séculos, tem servido para legitimar a dominação masculina, uma vez que se interpretou essa metáfora como sinal de superioridade do homem e inferioridade da mulher. Antigas interpretações patrísticas e escolásticas da história do Éden consideravam aspectos significativos da criação da mulher e de seu papel na história da Queda. Segundo essas interpretações patrísticas, a imagem de

Deus é uma prerrogativa do homem. Como a mulher foi criada a partir da costela de Adão, negaram-lhe a forma teomórfica, classificando-a como inferior ao homem, de ser moral e emocionalmente fraca e dependente. Essa interpretação sexista tem sido crucial para determinar a compreensão da identidade do homem e da mulher, e a forma como o papel da mulher é descrito em muitas sociedades e culturas. MarySylvia reinterpreta a narrativa de Gênesis 2,18-24, oferecendo um novo sentido à metáfora da costela a partir de sua cosmopercepção de teóloga nigeriana, em que a mulher "representa a plenitude e realização da criação, indispensável para a autorrealização do homem e para a completude da criação. Sem ela, a tarefa da vida é simplesmente cuidar do jardim (Gn 2,15); mas com ela, o homem percebe que o sentido pleno da vida é alcançado através da comunhão, através da relação em que se existe com e para alguém".

O nono capítulo, "Ismael: aquele que sofre, mas também sabe sorrir! Outros olhares sobre o choro e o riso de um menino (quase) esquecido", Lídia Maria de Lima escreve a partir da experiência de ser mãe de um menino preto e uma menina preta em uma sociedade estruturalmente racista. O genocídio das crianças e jovens negros é uma das consequências dessa estrutura racista. Uma realidade que deveria levar a uma convulsão social, mas que ainda é ignorada por vários setores sociais, inclusive pela teologia. Essa realidade do genocídio da população negra, mais especificamente da juventude negra, leva qualquer mãe negra a temer pelo futuro de seu filho e sua filha. Pois a cada 26 minutos um jovem negro é assassinado no Brasil, são 62 jovens negros mortos por dia. O genocídio da população negra se perpetua com a condenação a viver uma vida precária, sem educação de qualidade, sem moradia, ou seja, sem acesso aos direitos básicos. Como ser mãe de crianças negras nesse contexto e ainda alimentar nessas crianças a esperança no futuro? A experiência de Agar e, sobretudo, de Ismael, aparece como uma contranarrativa para despertar a imaginação para o advento de um outro mundo, no qual as crianças negras possam ter "vida em abundância" (cf. Jo 10,10). Contar as narrativas bíblicas, principalmente de patriarcas e matriarcas, são elementos pedagógicos fundamentais para organizar os fundamentos da fé. Mas, por participarmos de uma religião que se organiza entre adultos e para adultos, vez por outra ignoramos a presença das crianças como protagonistas das histórias fundantes. Nesse capítulo, fazendo uso da hermenêutica negra feminista, Lídia recupera a imagem do menino Ismael e, dando-lhe vez e voz, compara a sua trajetória com outras histórias de crianças que também sentiram fome, sede e medo em diferentes desertos, mas que superaram essas privações.

No décimo capítulo, "Leitura feminista negra da Bíblia: Cântico dos Cânticos 1,5-6 e África como autorreferencial", Cleusa Caldeira apresenta uma leitura crítica, feminista e antirracista do texto bíblico do Cântico dos Cânticos 1,5-6, por meio da qual se contesta o *status* canônico das interpretações e traduções tradicionais das narrativas bíblicas. Seguindo os estudos latino-americanos acerca do Cântico dos Cânticos, Cleusa parte do reconhecimento da autoria feminina dessa coleção de poemas eróticos. Depois de superar a estética racista que contrapõe negritude e beleza, consagrada por séculos de interpretação do poema registrado em Cântico dos Cânticos 1,5-6, o poema é apresentado como uma autodescrição de uma mulher negra que se reconhece "bela e formosa", pois se autorreferencia em África e não na cosmovisão ocidental. "Não há evidência textual capaz de comprovar que essa mulher, que se autoapresenta como 'negra e bela', seja etnicamente negra. Por outro lado, não se pode negar que essa mulher se autorreconhece como uma mulher não branca, e que sua percepção estética a vincula a pessoas africanas".

Assim, este livro traz uma multiplicidade de vozes historicamente silenciadas que encontraram na teologia uma maneira de falar de si, do outro e da divindade. A teologia feminista negra, a teologia feminista africana e a teologia indígena aparecem como um modo de resistência das mulheres que lutam e recriam a existência a partir das margens da história e da retórica hegemônica do cristianismo em sua versão monocultural, patriarcal, classista e racista. A teologia esboçada neste livro é, também, um testemunho da força libertadora da fé cristã e da ação da *Ruah* divina que alimenta a esperança, a fé e a caridade dos povos relegados à periferia do mundo.

Há ainda muitas outras vozes de mulheres africanas, afrodiaspóricas e ameríndias a serem escutadas. Afinal, o caminho da teologia é sempre plural. Há tantas mulheres que nos precederam... e certamente muitas virão depois de nós. Esperamos que esta obra se torne uma pegada da *Ruah* divina na história, para que outras mulheres negras e mulheres ameríndias possam andar por esse caminho e, assim, dizer sua palavra acerca da percepção da *Ruah* divina em meio a lutas e resistências, prantos e alegrias.

Somos mulheres de fé e militantes pelos direitos humanos e, sobretudo, pela inalienável dignidade da pessoa humana e de toda a criação. Estamos lutando pela sobrevivência e libertação dos povos africanos, afrodiaspóricos e ameríndios. Acreditamos na ação da *Ruah* divina como aquela que acompanhou Jesus de Nazaré em toda a sua caminhada e, também, nos acompanha em nossa caminhada de luta e resistência.

Consciente dessa presença que anima nossas vidas, agradeço imensamente a todas as autoras que contribuíram com este projeto. Agradeço, também, à Editora Vozes, que está abraçando uma perspectiva decolonial e, assim, gentilmente se dispôs a nos tirar da invisibilidade, a abrir espaço para que nossas vozes ecoem nesse espaço editorial da teologia, que tem sido majoritariamente branco.

Cleusa Caldeira (ed.)
Londrina, Brasil

Parte I

Resistências epistêmicas, éticas, espirituais, culturais das mulheres africanas, afrodiaspóricas e ameríndias

I

Lobolo: uma linguagem simbólica ligada à tradição e que desafia o tempo e as gerações

*Dra. Ir. Ester Lucas José Maria**

Introdução

Em Moçambique[1], o governo de transição que proclamou a independência anunciou, igualmente, a emancipação da mulher e criou políticas que pudessem tornar efetivo o empoderamento dessa na sociedade. Para isso, desenhou políticas que levadas a cabo pela organização feminina – Organização da Mulher Moçambicana (OMM) – e pelas instituições governamentais pretendiam levar paulatinamente a sociedade a abandonar o

---

* Natural de Maputo, Moçambique. Doutorada em Humanidades pela UCM e PUC-PR. Docente de Antropologia Social e Teológica no Instituto Superior Maria Mãe de África (ISMMA). Docente de Teologia Dogmática, Antropologia Teológica e Introdução à Teologia no Seminário S. Pio X em Maputo. *E-mail*: telyl@hotmail.com; esterlucasmaria@gmail.com

1. Moçambique, país localizado na região austral da África, especificamente entre Tanzânia e África do Sul; a oeste faz fronteira com Malawi, Zimbábue e Zâmbia, e a leste é banhado pelo Oceano Índico. Sua população é um mosaico cultural e uma grande diversidade de línguas e costumes. Foi colônia portuguesa desde 1498, tendo-se tornado independente a 25 de junho de 1975.

que, na altura, era considerado prática nociva à emancipação da mulher moçambicana. Uma das práticas visadas era o lobolo.

Passados mais de 40 anos da independência nacional, o lobolo não só resistiu e venceu todas as políticas implementadas para a sua destruição como também a sua prática se reafirmou e conseguiu reconhecimento na Lei da Família (Lei n. 10/2004, de 25 de agosto), alcançando, assim, uma validade igual à dos casamentos civis e religiosos. Importa referir que essa não era a primeira vez que políticas do governo eram desenhadas com vista a desencorajar e sobretudo a erradicar a prática.

Existem informações que dão conta dos esforços do governo colonial e da Igreja Católica por forma a impor novas maneiras de realizar o casamento e abandonar o que era considerado ação mercantil das famílias e aviltamento da mulher.

De acordo com João Nobre, o lobolo foi apresentado na literatura tanto como valência negativa quanto positiva (NOBRE, 2004). Se para uns era uma prática retrógrada a eliminar – durante o período colonial e logo após a independência –, para outros era uma prática e expressão cultural imaculada, parada no tempo e resistente a qualquer alteração; para outros, ainda, era instrumento de subjugação da mulher dentro do lar (AGADJANIAN, 1999), ou cerimônia com função integradora da sociedade.

As diferentes opiniões e modos de ver e interpretar o lobolo não impediram que este se afirmasse e entrasse claramente nas práticas hodiernas das comunidades moçambicanas, particularmente as pertencentes às populações ao sul do Rio Save e do centro do país, sobretudo as de linhagem patrilinear, aproximando as mais variadas diferenças, tanto sociais e religiosas como acadêmicas e financeiras.

A perspetiva dessa reflexão mantém-se nos limites de uma revisão bibliográfica, que oferece elementos de resposta à questão fundamental de compreender as razões que permitiram a resistência da prática do lobolo, e, sobretudo, a sua elasticidade e flexibilidade no tempo e no modo como ela se realiza. Como pôde essa prática atravessar o tempo e impor-se, apesar da crise atual de valores e da nova ordem social que se instaura tanto nas cidades como nas regiões rurais e suburbanas?

Depois de apresentar o conceito de lobolo, daremos uma brevíssima resenha histórica da sua prática, as expectativas que procura responder e, finalmente, os desafios que encontra no contexto da globalização.

1 O lobolo

A palavra lobolo (da palavra changana "*lowolo*") indica a ação de resgatar entregando algum valor simbólico e é usada unicamente nos casos de pacto do matrimônio (casamento) tradicional. Por lobolo entende-se o ato de entrega de bens à família da noiva, não apenas para agradar a família ou mostrar poder, mas também para selar o pacto conjugal, assegurando assim o bem-estar entre os vivos e uma relação sem sobressaltos com os antepassados (GRANJO, 2004). Pode-se entender que o lobolo, ao mesmo tempo que designa o pacto, refere-se também aos bens que o significam e o expressam.

A prática do lobolo encontra-se fortemente enraizada na cultura das comunidades de linhagem patrilinear, ou seja, nas províncias da região sul e algumas do centro do país (SANTANA, 2009).

O lobolo é um conceito polissêmico, que veio a receber, ao longo da história, diferentes interpretações. De acordo com Brigitte Bagnol (2008), alguns autores interpretam o lobolo como um dom (MAUSS, 1954; STRATHERN, 1988), ou como a compra das capacidades reprodutivas da mulher (EVANS-PRITCHARD, 1931; GLUCKMAN, 1950; FALLERS, 1957; GRAY, 1960; FORTES, 1962; GOLDSCHMIDT, 1974) e a garantia da possibilidade de aquisição de outras mulheres pelo grupo social dador (LÉVI-STRAUSS, 1969). Outros autores consideram que o lobolo deve ser interpretado a partir da relação existente entre o estatuto da mulher, a divisão do trabalho social, as formas de casamento e as formas de produção (GOUGH, 1971; GOODY, 1976). Outros autores, ainda, como Meillassoux (1982), defendem que as compensações matrimoniais têm como intuito o controle dos mais idosos sobre as gerações mais jovens, enquanto Kuper (1982) sugere que o lobolo serve de mecanismo de transferência de recursos humanos e materiais.

Samson apresenta uma diferente perspectiva de avaliação dessa instituição cultural e observa a sua importância na área do direito, da honra e do respeito devido tanto à mulher *lobolada* quanto ao homem que lobola, e sublinha as implicações dessa prática no nível da organização sociocultural (SAMSON, 1976).

Na linhagem patrilinear, é a mulher que se "desloca", ou melhor, deixa a casa dos pais, juntando-se a um homem (marido), para tornar possível o crescimento, ao menos em número, da família do marido, graças à maternidade que lhe é inerente. A família da qual sai a mulher sente-se "injustiçada" com a perda de um membro produtivo e necessário para o grupo, achando, assim, necessário ser compensada pela perda. Essa lógica de troca e compensação subjacente à prática do lobolo acarreta graves consequências e dissabores, caso não venham a ser realizadas as expectativas ligadas ao casamento.

Por conseguinte, com a realização do lobolo, o esposo espera que a esposa lhe "conceda" filhos e a própria esposa se torna a principal responsável pela estabilidade do lar. Caso a esposa não seja fértil (não consiga gerar filhos com o esposo, em tempo previsto de mais ou menos um ano de convivência marital) e/ou venha a revelar ser infiel ao esposo, então, o lobolo corre o grave risco de ser dissolvido[2]. Em síntese, pode-se asserir que qualquer dificuldade que ponha em causa a continuidade do casamento é considerada uma ameaça de ruptura do pacto e consequente devolução do lobolo.

2 Uma breve história da prática do lobolo na região sul do Rio Save

Jacimara Souza Santana, no seu trabalho sobre o debate a respeito do lobolo, divulgado pela *Revista*

---

2. A dissolução consiste na devolução da mulher à sua família e dos bens referentes ao lobolo à família do marido. Não se tem em conta o desgaste da mulher nem se exige a devolução dos bens perecíveis. Apenas se devolve o valor monetário fixado para o lobolo.

Tempo[3], oferece a informação de como se realizava o lobolo antes do século XV (SANTANA, 2009, p. 84), concretamente na Província de Gaza, portanto, antes do encontro com a civilização europeia[4].

Segundo a tradição, a compensação feita no lobolo era paga em cabeças de gado e cestos. O tipo de oferta veio a mudar em decorrência de os Tsongas terem sofrido um despojo de seu gado por Sochangane (1820)[5]. A partir desse período histórico, outros produtos foram acrescidos no lobolo, como pulseiras de latão, brincos, panos, vidrilhos e alguns produtos europeus. Apesar disso, em Gaza, o gado continuou a ser a peça principal para lobolar uma mulher e, a partir de 1850, houve um uso generalizado da enxada de fabrico local.

Em outras tribos a sul do Save usava-se, também, o costume da permuta de meninas entre as famílias envolvidas no pacto matrimonial. E como nem sempre era possível a troca de meninas, esta foi substituída pela oferta de objetos de valor, que podiam ser: alimentos,

---

3. A *Revista Tempo* foi fundada em 1970 por intelectuais ligados à esquerda política de Portugal. Após a independência de Moçambique, a nova política de informação confiou aos meios de comunicação, em especial à *Revista Tempo*, o compromisso de apoiar a emancipação feminina, devendo publicar notícias do interesse das mulheres, além de noticiar atividades da Organização das Mulheres de Moçambique (OMM). Apesar do discurso hegemônico do governo e da censura exercida em suas edições, a defesa pela liberdade de imprensa tornou essa revista um campo de brechas, com discursos contraditórios e críticos àqueles do governo no período. As cartas de leitores foi um dos espaços por meio dos quais esses profissionais defenderam suas posições.

4. A autora cita a carta de um leitor que entrou no debate sobre o lobolo orientado por uma equipe de jornalistas da *Revista Tempo* em 1982.

5. Sochangane foi o primeiro rei de Gaza, cujo trono foi assumido por Maguiguana e posteriormente por Ngungunhane.

artesanato, pérolas, utensílios de lavoura, animais domésticos. A família que recebia o lobolo destinava-o à aquisição de uma noiva para um dos irmãos da recém-casada. Um dado importante, nesse momento da história, é que o lobolo era um assunto tratado entre as famílias interessadas. Nesse caso, a família do noivo envolvia-se plenamente não apenas no processo de conversações e estabelecimento de acordos sobre o modo de fazer as transações, como também era de sua responsabilidade angariar os valores exigidos pela família da noiva.

A colonização europeia, ao se opor a essa tradição, forçou a resistência, que trouxe consigo algumas modificações e maior elasticidade ao lobolo. Se antes o lobolo era negociado entre as famílias, por intermédio do chefe de linhagem, "em cujas mãos se concentravam a organização e o monopólio das redes matrimoniais" (SANTANA, 2009), com a colonização assistiu-se ao enfraquecimento da família alargada e do poder dos chefes, passando o casamento a ser uma obrigação individual do noivo, que deve conseguir um acordo com o pai da noiva. Assiste-se, igualmente, à mudança na forma de pagamento da compensação, uma vez que a enxada passou a ser comprada e não fabricada localmente.

Assim, o lobolo passou a ser entregue em dinheiro, o que permitia depois a aquisição de outros bens. O fato de as transações serem feitas em dinheiro foi envolvendo mais o indivíduo interessado no casamento, obrigando-o a procurar dinheiro para o efeito, por meio do trabalho remunerado. As minas da África do Sul passaram a ser um atrativo para os jovens que pretendessem contrair o lobolo, uma vez que ofereciam a possibilidade de adquirir uma quantia suficiente para a realização do casamento.

Para a região sul de Moçambique, com particular enfoque para a província administrativa de Gaza, trabalhar nas minas da África do Sul passou a ser exigência para quem quisesse formar família. As famílias passaram a recusar pretendentes que não fossem mineiros, porque só as minas proporcionavam rendimento financeiro capaz de dar sossego aos lares recém-constituídos. É assim que o fator "monetário-financeiro" toma de assalto o lobolo, transformando-o em um fenômeno econômico e de poder, com efeito regulador da sociedade e de legitimação da relação do casal.

António Rita-Ferreira (1967-1968) faz notar que as regras da economia monetária degradaram as relações entre os indivíduos e entre os grupos familiares. Onde dantes havia uma compensação coerente de mulheres e de alianças, passaram a surgir competições e ganâncias em que só entra o fator material. À medida que crescia a perda do poder e a autoridade dos chefes tribais, foi crescendo em proporção direta a espontaneidade na selecção sexual dos casais com o natural incremento de tendências individualistas. Os jovens foram sendo cada vez mais autônomos e responsáveis por angariar os bens necessários para o lobolo, e foram crescendo, também, as uniões de fato fora da instituição tradicional do lobolo.

Nos nossos dias, a pressão da economia monetária forçou a rápida associação do lobolo com a possibilidade de responder à pura avidez de lucro, sendo, por isso, exigidas importâncias cada vez maiores, calculadas a partir das necessidades dos pais ou dos gastos inerentes à formação acadêmica da noiva em questão. Entre os presentes oferecidos pela família do noivo estão as ofertas de dinheiro e de tecidos para toda a família. O gado, como o maior bem, permanece a medida que, no horizonte simbólico, permite o cálculo do valor que é pedido ao noivo. O lobolo, apesar de tudo, continua a ser exigido não só pelos pais devido aos lucros que auferem, mas também pelas mulheres que o julgam como fator de proteção e como uma afirmação do seu valor pessoal. Em rigor, na região sul do país, o lobolo é desejado pela maioria dos homens que o consideram como prova indiscutível dos seus direitos sobre as mulheres e sobre os filhos gerados.

Com efeito, numa sociedade patrilinear como o sul de Moçambique, os filhos pertencem à família do pai, pelo lobolo. A criança que nasce fora do lobolo, isto é, cuja mãe não foi *lobolada*, pertence à família da mãe e não é considerada um membro integral da família do pai. Essa situação explica a razão pela qual quando uma mulher morre, ou se separa do marido, antes de ter um filho, o gado e todos os bens do lobolo devem ser devolvidos para a família do noivo ou a família da noiva deve substituir a mulher por outra.

3 O lobolo e as expectativas das famílias e da sociedade na tradição

A tentativa de compreender o lobolo, a partir de uma análise externa do que acontece exteriormente, ou o que podem significar os diversos gestos (valores simbólicos) nele envolvidos, não explica de forma cabal a força de resistência que essa instituição apresenta.

As funções sociais de compensação, reciprocidade, legalização da relação entre os esposos e o reconhecimento da prole, a estabilidade e proteção das pessoas dentro da instituição, embora muito importantes, facilmente encontram substituição em instituições como o casamento civil e o matrimônio cristão, reconhecidas e protegidas por lei.

O que parece manter a instituição lobolo é algo que não é respondido nem pelo casamento civil e tampouco pelo matrimônio cristão. A isso podemos chamar de expectativas.

Felizardo Cipire (1996) considera que, no sistema patrilinear, o lobolo pode ser visto como uma forma de informar os espíritos dos antepassados que a jovem vai sair da casa paterna.

A ligação íntima entre os valores apresentados no ato do lobolo e os antepassados parece ser uma das grandes expectativas das famílias. A crença nos antepassados e no seu poder de influenciar o presente e o futuro mantém as famílias em permanente comunicação com esse mundo invisível e na necessidade de manter e perpetuar as instituições que favorecem essa comunicação e relação. Vale aqui lembrar que a crença, quando entendida como a filosofia que sustenta uma cosmovisão e os valores apresentados por uma cultura, supõe um sistema de valores adquiridos, assimilados e proclamados como absolutos em si mesmos e, por isso, inegociáveis.

A crença é uma convicção arraigada na pessoa e na sociedade que orienta as atitudes e influencia a interpretação do real (LELO; LELO, 1967). O lobolo responde a expectativas que nascem de convicções inegociáveis, das diferentes crenças, como é o caso da relação com o mundo invisível dos antepassados.

Marcel Mauss (2003) fala do lobolo dizendo que nele se realizam trocas voluntárias profundamente obrigatórias, porque o seu incumprimento pode não só acarretar desavenças sociais, mas também ofender os antepassados. Nesse caso, a ofensa aos antepassados pode manifestar-se por momentos difíceis para o casal e a família, por doenças e dificuldades diversas. Essa crença mantém uma relação estreita entre os vivos e os antepassados, que interagem continuamente com o mundo dos vivos. Eles precisam dos vivos e de suas atenções e funcionam como protetores e intermediários, jogando um papel decisivo nos grandes acontecimentos individuais e sociais: nascimento, iniciação, lobolo, calamidades naturais, doenças, empreendimentos, defesa contra a magia, viagens, morte, entre outras situações (ALTUNA, 1985).

De acordo com os praticantes do lobolo, as trocas que se operam para ratificar o ato de lobolar não são apenas materiais, uma vez que antes de os bens simbólicos serem entregues à família interessada são apresentados aos antepassados do noivo e depois de recebidos pela família da noiva são apresentados aos antepassados paternos e maternos da noiva. Com efeito, o primeiro ritual da cerimônia do lobolo é a evocação dos espíritos dos antepassados da linhagem. Eles têm o direito de aceitar ou não as oferendas do lobolo, o que implica proteção ou represália aos noivos. Assim, embora sejam os familiares da noiva que recebem e desfrutam das oferendas, estas são, de fato, dirigidas aos ancestrais (GRANJO, 2004).

Nessa perspectiva, Brigite Bagnol refere que "enquanto o casamento civil define uma relação entre os casais e o Estado (lei civil) e o casamento religioso uma conexão com Deus, o lobolo é essencialmente um ato que estabelece uma relação entre o casal, as famílias e os antepassados" (BAGNOL, 2008). E enquanto a Lei da Família coloca em pé de igualdade as três formas de realizar o casamento, a sociedade conjuga as três modalidades, porque entende que nenhuma delas realiza por si só toda a rede de significações de um ato tão importante como o casamento.

Contudo, a prerrogativa que o lobolo tem de pôr em jogo as relações entre os vivos e os antepassados confere a essa instituição a característica da reprodução social[6], criando laços de descendência, fazendo com que uma família continue a existir e regulando as relações que acontecem no presente, no passado e as que poderão ser estabelecidas no futuro.

O casamento civil e o casamento religioso não realizam o que parece ser essencial na família africana: a continuidade harmônica entre o presente, o passado e o futuro. Nesse sentido, o lobolo simboliza, por um lado, a necessidade de união entre os vivos e os mortos. Por

---

6. De acordo com o sociólogo francês Pierre Bourdieu, reprodução cultural é o processo social pelo qual as culturas são reproduzidas através de gerações, sobretudo pela influência socializante de grandes instituições. A reprodução cultural faz parte de um processo mais amplo de reprodução social por meio do qual sociedades inteiras e suas características culturais, estruturais e ecológicas são reproduzidas por um processo que invariavelmente envolve certo volume de mudança.

outro lado, o ato de lobolar uma mulher pode ser interpretado como uma forma de compensação dos laços consanguíneos que se rompem com a entrega da noiva ao noivo e, ao mesmo tempo, o desejo de dar continuidade à vida, que sobrevive e transcende as relações das várias formas de casamento, pois cobre áreas que não são abrangidas pelas outras práticas, tais como as relações com os antepassados.

A sociedade africana pode ser vista como uma comunidade orgânica tridimensional. Ela é constituída pelos membros vivos, pelos membros "vivos-mortos" (os antepassados) e os que ainda não nasceram. Nessa concepção, o que constitui uma pessoa não é apenas o fato de pensar ou ter o uso da razão, mas também o de se relacionar com os vivos, os vivos-mortos e os que não nasceram, ou seja, de manter relações interpessoais que tecem a existência humana. Por isso, justifica-se o fato de que o lobolo de pessoas já falecidas, como condição para se autorizar as cerimônias fúnebres, seja uma prática cada vez mais presente nos dias de hoje. Dado que, na fase atual, tem vindo a crescer o hábito de os jovens coabitarem maritalmente (união de fato), caso a mulher que deveria ser *lobolada* morra antes da realização do lobolo, deixando ou não filhos, o marido tem a obrigação de realizar o lobolo com a defunta, pagando as respectivas multas, antes da sepultura. Se houver prole, deverá lobolar cada um dos filhos, isto é, realizar a transferência oficial dos filhos nascidos de uma união não abençoada pelos antepassados de uma família para a outra. A defunta é merecedora do lobolo não no sentido funcional do casamento, mas no sentido mais profundo de comunhão com os antepassados e possibilidade de a defunta ser recebida na sua aldeia e de ela mesma se tornar antepassado, por ter realizado todas as expectativas dos antepassados a seu respeito.

Segundo a tradição, ninguém está dispensado da obrigação de realizar o lobolo, havendo sempre tempo para a sua realização. Trata-se de uma dívida em aberto e que deve ser saldada para a paz entre os vivos e os antepassados e sobretudo para a proteção que só os antepassados podem oferecer aos vivos.

Podemos dizer, em forma de conclusão, que a resistência e a continuidade do lobolo se deve ao seu polissemantismo, flexibilidade e sobretudo por tocar o âmago das crenças e cosmovisão da sociedade. O lobolo conjuga legitimação conjugal, controle da descendência, a dignificação das partes envolvidas, domesticação do aleatório por meio da ação dos antepassados, por um lado, e tendo, por outro, o espaço e a capacidade de se assumir (mediante as representações que lhe estão associadas) como instrumento para a superação de problemas inovadores, o lobolo não encontra no seu contexto sociocultural qualquer outro rival à altura (GRANJO, 2004).

Outro aliado para a permanência e continuidade do lobolo é a leitura que as famílias fazem do cotidiano e da sua incontrolável contingência, usando como chave central de leitura a relação com os antepassados, relação na qual está inscrito o lobolo. Assim, espera-se que o lobolo e os antepassados expliquem absolutamente uma boa parte do que acontece na vida das pessoas.

4 O lobolo e os desafios lançados pela sociedade atual

A sociedade atual é caracterizada por uma sobreposição de paradigmas sociais: a sobreposição de práticas da família tradicional com as da família moderna e mesmo pós-moderna. Nesse contexto, afigura-se impossível ter uma sociedade totalmente tradicional, totalmente moderna ou pós-moderna. Há uma mistura de práticas e paradigmas. Com efeito, a crescente imposição do neoliberalismo que força o desenvolvimento do mercado capitalista e da democracia liberal, considerando-os como as únicas possibilidades de realização e de sucesso, influencia as instituições tradicionais, como o lobolo.

Enrique Rojas (1994) oferece-nos uma leitura esclarecedora sobre as correntes que se sobrepõem na sociedade atual. Lembra que a Modernidade foi o tempo por excelência das grandes utopias sociais. Os "iluminados" acreditavam na vitória da razão sobre a ignorância e a servidão mediante a ciência: os capitalistas acreditavam alcançar a felicidade por meio da racionalização das estruturas da sociedade e do incremento da produção de bens. Os socialistas sonhavam com a emancipação do proletariado e com ele o fim da exploração do homem pelo homem. Em todos havia a esperança de um futuro promissor. A Pós-modernidade não crê no progresso nem na sua possibilidade. As experiências históricas, devido ao progresso, foram desastrosas. As bombas lançadas em Hiroshima e Nagasaki são frutos diretos do progresso. O homem pós-moderno vive o desencanto quanto ao futuro. A atitude pós-moderna, frente à desesperança de sentido e de objetivos últimos, não é de tragédia, mas de "liquidez"[7], em que a atitude fundamental é: se não há futuro, vivamos hedonisticamente o presente.

As correntes que veiculam a incitação ao individualismo, ao consumo e à competição desenfreada, a exaltação da liberdade individual e o relativismo moral colocam em crise o princípio do bem comum, a cultura da convivialidade, da cooperação, da solidariedade e reduzem a pessoa humana a "indivíduo econômico", restringem as escolhas a questões ligadas ao mercado, à produção e ao lucro. Essas correntes tornam o lobolo ainda mais vulnerável à monetarização, com o risco de perder a significação mais profunda e espiritual.

Os efeitos da globalização, enquanto processo de interpartilha que coloca em relação os países, as economias, os grupos, as etnias, as religiões, as culturas, os valores com vista a criar melhores condições para todos e que ao mesmo tempo cria concentração do poder nas mãos de alguns, favorecendo a homologação cultural, o monopólio dos sistemas de comunicação, a perda de identidade cultural e pessoal, poderão constituir uma ameaça ao lobolo tal como ele é concebido e praticado. Essa instituição tradicional, hoje como ontem, precisa reencontrar elasticidade e argumentos para atravessar e procurar se reafirmar perante a geração pós-moderna, caracterizada pela fluidez, a mutabilidade constante, o

---

7. O conceito de modernidade líquida foi construído pelo sociólogo polonês Zygmunt Bauman. A modernidade imediata é "líquida" e "veloz", mais dinâmica que a modernidade "sólida" que suplantou. A passagem de uma para a outra acarretou profundas mudanças em todos os aspectos da vida humana. A modernidade líquida seria "um mundo repleto de sinais confusos, propenso a mudar com rapidez e de forma imprevisível".

imediatismo e o dinamismo da mudança constante. Podemos questionar essa instituição, que deu provas de resistência e de versatilidade: bastarão as crenças ligadas à força e prerrogativas do lobolo para fazer face à sociedade "líquida" na qual vive?

Uma das características das sociedades africanas é a capacidade de transformar as práticas tradicionais em novas para cada geração, a fim de continuar a encontrar novas soluções nos recursos tradicionais das instituições familiares. A modernidade que se impõe na sociedade atual vai oferecer uma oportunidade de transformação gradual do lobolo e da organização familiar, provavelmente, afastando-se da parentela corporativa e das famílias alargadas para ir em direção das famílias nucleares, especialmente nas áreas urbanas e entre pessoas instruídas. Contudo, nasce uma nova figura no panorama familiar da sociedade moderna, monogenitorialidade, a chamada "reprodução independente"[8], em especial entre as mulheres nas áreas urbanas. Esse modo de proceder vai necessariamente modificar as regras do lobolo e mesmo a sua compreensão.

Considerações finais

Neste capítulo, procuramos entender os atributos que permitem ao lobolo atravessar o tempo e as investidas contra essa instituição tradicional para as popula-

---

8. Trata-se de um emergente modo de procriar sem ter que se submeter à instituição reguladora da procriação, o lobolo. A mulher é financeiramente independente e se autoriza a fazer filhos de forma "independente", pela alegria de ser mãe, autônoma e sem necessidade de dizer ao mundo quem é o pai da criança.

ções a sul do Rio Save. Pudemos ver como a versatilidade e a polissemia da prática do lobolo podem estar na origem dessa resistência. Ao conjugar em uma mesma instituição a legitimação conjugal, o controle e a regulação da descendência, a dignificação das partes envolvidas e a domesticação do aleatório através da ação dos antepassados, o lobolo aparece como instrumento para a superação de problemas de hoje e de amanhã, nas famílias que o praticam.

Fica patente a afirmação de Mbiti, segundo a qual "na vida tradicional o indivíduo não existe e não pode existir sozinho, a não ser corporativamente. Deve a própria existência a outras pessoas [...] a comunidade, portanto, deve fazer, criar ou produzir o indivíduo [...] só em termos de outras pessoas o indivíduo torna-se consciente dos seus deveres, dos seus privilégios e das suas responsabilidades em relação a si mesmo e aos outros" (MBITI, 1969).

Porém, essa afirmação precisa ser verificada em uma sociedade que enfrenta o desafio da sobreposição de paradigmas sociais e em que se impõe a visão pós-moderna de "liquidez" da sociedade com todas as vantagens e desafios que apresenta.

Referências

AGADJANIAN, V. As Igrejas ziones no espaço sociocultural de Moçambique urbano (anos 1980 e 1990). *Lusotopie*, p. 415-423, 1999.

ALTUNA, R.A. *Cultura tradicional banto*. Luanda: Edições Secretariado Arquidiocesano de Pastoral, 1958.

BAGNOL, B. Lovolo e espíritos no sul de Moçambique. *Análise Social*, vol. 43, n. 187, p. 251-272, 2008.

CIPIRE, F. *Educação tradicional em Moçambique*. 2. ed. Maputo: Emedil, 1996.

GOODY, J. *Prodution and reproduction*. Cambridge: Cambridge University Press, 1976.

GOUGH, E.K. Nuer Kinshp: a re-examination. *In*: T.O. Beidelnan (ed.). *The translation of culture*. Londres: Tavistock, p. 79-121, 1971.

GRANJO, P. O lobolo do meu amigo Jaime: um velho idioma para novas vivências conjugais. *Travessias. Revista de ciências sociais e humanas em língua portuguesa*, n. 4-5, p. 47-78, 2004.

JUNOD, H. *Usos e costumes dos bantos: a vida duma tribo do sul de África*. Tomo I. Lourenço Marques: Imprensa Nacional de Moçambique, 1974.

KUPER, A. *Wives for cattle, bridewealth and marriage in Southern Africa*. Londres: Routledge and Kegan Paul, 1982.

LELO, J.; LELO, E. *Dicionário prático ilustrado*. Porto: Lelo & Irmão, 1967.

MAUSS, M. Ensaio sobre a dádiva: forma e razão da troca nas sociedades arcaicas. *In*: MAUSS, M. *Sociologia e antropologia*. São Paulo: Cosac & Naify, 2003.

MAUSS, M. *The gift*: forms and functions of exchange in archaic societies. Londres: Cohen & West, 1954.

MBITI, J. *African Religions and philosophy*. Oxford: Heinemann, 1969.

MEILLASSOUX, C. *Femmes, greniers et capitaux*. Paris: François Maspero, 1975.

MEILLASSOUX, C. *Femmes greniers et capitaux*. Paris: Francois Maspero, 1982.

NOBRE, J. Uma leitura de "Lobolo em Maputo: um velho idioma para novas vivências conjugais", de Paulo Granjo. *O Desafio da Diversidade*, out. 2004. Disponível em: https://antropologiaup.wordpress.com/2011/03/14/lobolo-em-maputo/ – Acesso em: 18 nov. 17.

RITA-FERREIRA, A. *Os africanos de Lourenço Marques*. Lourenço Marques: IICM, 1967-1968. Memórias do Instituto de Investigação científica de Moçambique, Série C.

ROJAS, E. *O homem* light – *Uma vida sem valores*. Coimbra: Gráfica de Cuimbra, 1994.

SAMSON, B. A signal transaction and its currency. *In*: KAPFERER, B. (ed.). *Transaction and meaning: directions in the anthropology of exchange and symbolic behaviour*. Filadélfia: ISHI, 1976.

SANTANA, J.S. Mulheres de Moçambique na Revista Tempo: o debate sobre o lobolo (casamento). *Revista de História*, vol. 1, n. 2, p. 82-98, 2009. Disponível em: https://periodicos.ufba.br/index.php/rhufba/article/view/26684/16009 – Acesso em: 29 mai. 2023.

II

Feminismo negro, afrocentricidade e teologia negra feminista
Um encontro inadiável e imprescindível

*Valdenice José Raimundo**

Introdução

O objetivo deste trabalho é colocar em diálogo os pontos de interseção entre o feminismo negro, a afrocentricidade e a teologia negra feminista. A motivação para sua realização se deu a partir da observação da realidade racista que, historicamente, insiste em subalternizar as mulheres negras. Contudo, contrariando o imposto pela sociedade racista, essas mulheres insistem em resistir.

As mulheres negras brasileiras, segundo dados do IBGE, representam 51,8% do total da população. São mulheres que, historicamente, têm lutado contra as precariedades impostas pela organização social capitalista

---

* Com pós-doutorado e doutorado em Serviço Social, professora do Programa de Pós-graduação em Ciências da Religião da Universidade Católica de Pernambuco. Líder do Grupo de Estudos e Pesquisas em Raça, Gênero e Políticas Públicas. Integrante do Coletivo de Acadêmicas Negras Luiza Bairros. Integrante da Pastoral da Negritude Rosa Parks.

que aprofunda as desigualdades de raça, gênero e classe. Os estudos desenvolvidos pelas estudiosas negras Lélia Gonzalez (1982), Sueli Carneiro (2011), Jurema Werneck (2017) e Nilma Lino Gomes (2007) apresentam que a perversa realidade racista, experimentada pelas mulheres negras, fundamenta-se nos princípios que originaram o modo de produção escravista e o formato que ele assumiu no Brasil. Essa realidade se agudiza quando lhes é negada a possibilidade concreta de acessar suas raízes históricas.

Ressaltamos o seguinte elemento, que no caso das mulheres negras evangélicas complexifica ainda mais essa relação: além de sofrerem a negação histórica de suas raízes, precisam lidar com a negação dos seus corpos nos textos bíblicos e nas reflexões realizadas pelos líderes religiosos – majoritariamente, homens e brancos.

Nesse sentido, entender a contribuição do feminismo negro, da teologia negra e da afrocentricidade na desmitificação dessa realidade torna-se imprescindível, pois esclarecerá que não existe primazia nas diversas opressões experimentadas pelas mulheres negras, de modo geral, e das evangélicas, especificamente.

Entendemos que este estudo promoverá reflexões que poderão colaborar com o fortalecimento das mulheres negras evangélicas, agenciando possibilidades de enfrentamento e superação do racismo nas suas comunidades de fé.

1 Contribuições do feminismo negro

> ... é a mulher negra anônima, sustentáculo econômico, afetivo e moral de sua família, aquela que desempenha o papel mais importante. Exatamente porque, com sua força e corajosa capacidade de luta pela sobrevivência, transmite a suas irmãs mais afortunadas o ímpeto de não nos recusarmos à luta pelo nosso povo. Mas sobretudo porque, como na dialética do senhor e do escravo de Hegel – apesar da pobreza, da solidão quanto a um companheiro, da aparente submissão, é ela a portadora da chama da libertação, justamente porque não tem nada a perder (GONZALEZ, 1982, p. 104).

A dinâmica social na qual está inserida a mulher negra é movida pela ordem capitalista, o que faz com que a luta da maioria seja por direitos sociais e, muitas vezes, direitos básicos de sobrevivência, reivindicando junto aos poderes públicos a satisfação de demandas que decorrem das próprias exigências do capital, tal como ele se constitui atualmente. A mulher negra sempre necessitou estar inserida na luta por melhores condições de existência, e isso se dava por meio de diversas formas de organização, desde o período escravista, no pós-abolição e até os dias atuais, com organizações que nem sempre se acomodaram nos moldes formais, mas que sempre foram constantes. Segundo Carneiro (2011), é em meio a essa dinâmica que o processo de emancipação, de busca de igualdade de direitos das mulheres negras ganha força, estabelecendo novos desafios.

Afirma Araújo (2001) que, motivadas pelo desejo de transformação da sua realidade, as mulheres negras aderiram aos movimentos feministas. Ao longo de sua trajetória, o feminismo tanto criou novos valores nas relações sociais como também muitos mitos de origem, entre eles o que se traduzia no paradigma de que todas as mulheres eram iguais. O feminismo promoveu uma perspectiva universalista num discurso voltado para uma irmandade entre as mulheres e, dessa forma, não dava ênfase às diferenças. É na década de 1980, diz Araújo, que no seio do movimento feminista as mulheres negras começam a levar para as discussões as suas especificidades, tremulando uma nova bandeira de que eram mulheres, mas eram negras, logo, as especificidades da raça, expressa no racismo, estavam postas.

Segundo Caldwell (2000), no movimento feminista, lutar contra a opressão a todas as mulheres era uma pauta possível, mas isso não levava em consideração as diferenças entre elas, em termos de experiências e lugares, o que se tornou fonte de conflito e divisão dentro do movimento. O movimento feminista não acolhe as questões postas pelas mulheres negras, motivando-as para uma ação política organizativa específica, em decorrência da insuficiência com que eram tratadas as suas especificidades dentro do movimento; o que vai culminar no que Carneiro (2001) evidencia, como dupla militância que se impõe às mulheres negras como forma de assegurar que as conquistas no campo racial não sejam inviabilizadas pelas persistências das desigualdades de gênero e para que as conquistas dos movimentos feministas não privilegiem apenas as mulheres brancas.

O movimento feminista negro surge nos anos 1970, torna as mulheres negras protagonistas de suas pautas, dando visibilidade às suas demandas. Para Carneiro (2001), o feminismo negro é forjado no contexto de sociedades multirraciais, pluriculturais e racistas, sendo seu principal eixo de articulação o racismo e seus impactos nas relações de gênero, uma vez que o racismo é quem determina a própria hierarquia de gênero.

2 Contribuições da afrocentricidade

A afrocentricidade surgiu na década de 1980 com a publicação do livro *Afrocentricidade* de Molefi K. Asante. A ideia afrocêntrica tem como princípio que os africanos devem "operar como agentes autoconscientes, não mais satisfeitos em ser definidos e manipulados de fora" (MAZAMA, 2009, p. 111).

Segundo a autora acima citada, a afrocentricidade surgiu em resposta à supremacia branca. Nesse contexto, a afrocentricidade surge questionando e negando o conhecimento eurocêntrico que apresenta o europeu como um povo civilizado e o negro africano como primitivo, supersticioso, incivilizado etc. E convida os africanos a que "se reancorem, de modo consciente e sistemático, em sua própria matriz cultural e histórica, dela extraindo os critérios para avaliar a experiência africana" (MAZAMA, 2009, p. 114).

Ao trabalhar os aspectos cognitivos do paradigma, a autora supracitada diz que toda compreensão da realidade deve se orientar pela centralidade da experiência africana. Esse é um princípio que não pode ser relegado por quem quer realizar um estudo que se declara afrocêntrico. Suas implicações epistemológicas são de longo alcance, infinitas.

Orientados por essa perspectiva, entende-se que as fontes mais seguras de conhecimento sobre as mulheres negras são elas mesmas. O entendimento de que se deve questionar e negar os modelos, as construções opressoras, deve vir acompanhado de uma alternativa teórico-metodológica de cunho libertador. Esse é o objetivo último da afrocentricidade. O paradigma afrocentrado defende que todo conhecimento deve servir à libertação e ao empoderamento[9] dos povos africanos e de negros e negras na diáspora – um conhecimento que tenha utilidade.

Diante disso, percebemos a necessidade de continuar o que já foi iniciado por pensadores e pensadoras afrocentradas, pelo movimento negro feminista, dialogando de forma criteriosa, focando a história, a cultura, a religião, as vivências, ou seja, a produção de conhecimento capaz de apreender as questões materiais e os impactos delas sobre a vida da população, mas com sensibilidade para captar a dimensão espiritual, isto é, considerar a experiência das mulheres negras na diáspora.

---

9. Derivado do inglês, *empowerment* é um termo que surgiu na sociologia, psicologia e no serviço social com referência a pessoas e populações discriminadas (mulheres, indígenas, afrodescendentes...) ou pertencentes a grupos tradicionalmente excluídos do padrão ocidental, do chamado "normal". Empoderamento se refere ao processo de perceber criticamente o discurso de discriminação sofrida; reconhecer-se e assumir a própria identidade como pertencente ao grupo discriminado; embasar e consolidar a autoestima necessária para tornar-se protagonista da própria vida, apesar da discriminação sofrida. Tal processo significa construir e exercer uma forma de poder em relação a si mesmo e à vida (MAZAMA, 2009, p. 127).

A definição dos requisitos necessários para arquitetar as possibilidades impulsionadoras da desnaturalização do lugar que a mulher negra ocupa na sociedade brasileira passa certamente por revisitar a história e contá-la de um jeito novo, guiado por uma epistemologia que aponte na direção da libertação das amarras deixadas pelo colonizador.

3 Contribuições da teologia feminista negra

> *Nós, mulheres negras, confrontamo-nos não apenas com o racismo e o sexismo da sociedade dominante e de suas estruturas patriarcais, mas nos deparamos, por um lado, com o racismo de um movimento feminista dominado por mulheres brancas e, por outro lado, com o antifeminismo e o heterossexismo normativo do movimento negro, somos esquecidas tanto como negras quanto como mulheres, por isso a teologia negra feminista latino-americana quer colocar as experiências das mulheres negras no centro* (LOPEZ, 2005, p. 36).

Os textos bíblicos têm sido historicamente interpretados por uma perspectiva que tem, ao longo da história do protestantismo no Brasil, mantido às margens, distanciadas, silenciadas as problemáticas que tocam a população negra. É de suma importância haver estudos que tematizem o cenário evangélico contemporâneo, visando o reconhecimento da necessidade de interpretações bíblicas que orientem para uma prática respeitosa e promotora de vida para todos e todas.

A igreja precisa colocar em evidência a totalidade daqueles e daquelas a quem o sistema capitalista, racista e patriarcal tenta invisibilizar, ou melhor, tem invisibilizado. Só assim ela poderá contestar de forma concreta as opressões de um sistema perverso, que tem matado as pessoas negras.

Nesse sentido, concordamos com Pacheco quando diz que se faz necessário reivindicar "um Jesus não branco, não europeu, um Deus que priorize os pobres, os oprimidos..." (PACHECO, 2016, p. 15). Contestar o que há anos está posto como verdade é desafiador, mas quem experimenta sabe que tem uma dimensão libertadora, salvadora. Maturar esse posicionamento é entender que a igreja não é um lugar de ideias homogêneas, tampouco o lugar da neutralidade, "a igreja é lugar que constrói linguagens, narrativas, e algumas narrativas se sobrepuseram, ao longo dos séculos, às narrativas que a própria Escritura traz" (PACHECO, 2016, p. 12).

Essas narrativas, que se baseiam no texto sagrado, têm impactado a vida das mulheres negras negando-lhes a história. A igreja precisa se apropriar de uma interpretação bíblica que traga no seu discurso uma mensagem propositiva e libertária para as mulheres negras, fortalecendo-as para o enfrentamento ao racismo, sexismo e a todas as formas de opressão contra seus corpos e os territórios que elas habitam.

Nesse sentido, concordamos com Caldeira, que diz:
> A Bíblia é produto de uma cultura patriarcal e androcêntrica e [...] as interpretações dos textos bíblicos que são realizadas pela teologia oficial estão carregadas de pressupostos racializados e etnocêntricos. Por isso, o desafio da Hermenêutica Negra Feminista é

> desmascarar as interpretações tendenciosas e reinterpretar o relato bíblico na perspectiva do povo negro, nesse caso, da mulher negra (CALDEIRA, 2013, p. 1.190).

Isso é fortalecido por Guimarães, quando desafia as igrejas a entenderem a necessidade de novas leituras.
> Para os afrodescendentes do Brasil, fazem-se necessárias novas leituras. Que se conectem aos desafios dos pretos e das pretas. Isso inclui combater práticas racistas que se instalam na tradição e no cotidiano da igreja (e da sociedade também), problematizando toda forma de leitura que legitime a naturalidade de subalternizações dos corpos pretos e seus dramas (GUIMARÃES, 2018, p. 67).

Entendemos que para alterar a realidade racista e machista é urgente uma releitura bíblica, subsidiada por uma perspectiva teológica que não invista em relações hierárquicas ou subalternas. Nesse contexto se insere a teologia feminista negra, dando visibilidade às mulheres negras, na interpretação dos textos bíblicos, recolocando no centro a experiência de fé e respaldando a luta contra o racismo.

4 Interseção entre feminismo negro, teologia negra e afrocentricidade

Os pontos de interseção entre o feminismo negro, a teologia negra e a afrocentricidade que podemos destacar são:

a) Todos são movimentos que surgem como resistência às formas eurocêntricas de pensar as experiências, as relações e o conhecimento.

b) Promovem a centralidade da experiência negra e de suas demandas.

c) Questionam o conhecimento de raiz eurocêntrica.

d) Trazem em si uma perspectiva de libertação.

e) Produzem conhecimentos voltados para responder às necessidades da comunidade negra.

f) Posicionam-se contrários ao racismo e demais formas de opressões.

g) Não se impõem como a única forma de se pensar a experiência entre as pessoas e as pessoas e o divino.

Poderíamos pontuar outras interseções, porém esses são alguns pontos que podemos indicar. Compreendemos que essas aproximações têm a capacidade de fortalecer o movimento feminista negro, bem como as epistemologias anunciadas na teologia negra e na afrocentricidade.

Fica evidente que o feminismo negro potencializou as mulheres negras para questionarem as práticas patriarcais e o racismo. Rebelar-se contra uma construção que privilegia homens e subalterniza mulheres tem um custo impactante. Porém, as mulheres negras continuam resistindo e evidenciando para os homens negros e mulheres e homens brancos que não basta ser de esquerda (progressista), é preciso se aliar à luta feminista e antirracista.

Nesse sentido, a afrocentricidade, enquanto uma epistemologia negra, fortalece a luta do movimento feminista negro na medida em que oferece elementos que produzem o empoderamento das descendentes de africanos, dos povos escravizados. E a teologia negra feminista abre caminhos de diálogos, nos quais é possível a convivência com Deus que se engaja, que caminha conosco e se manifesta por meio do Sagrado Feminino.

São relações libertárias que impulsionam para a vida e a vida com abundância, numa estrutura desigual têm que ser construídas, executadas por meio da luta, cuja finalidade é a libertação de todos e todas.

5 A experiência das mulheres negras evangélicas

A importância da experiência de luta das mulheres negras evangélicas e do lugar das epistemologias que potencializam e ressignificam essas experiências pode ser encontrada, como fonte abundante, no livro: *Vozes que não se calam*: *cartas de um evangelho brasileiro, feminino e negro*. São 15 cartas escritas por mulheres negras evangélicas. Foi organizado por Aloá Dandara, Isabella Souza, Pétala Souza, pelo selo Zau.

Nesse riquíssimo livro, fica evidenciado o posicionamento das mulheres negras evangélicas diante do patriarcado e do racismo, ou seja, a partir da sua fé tornam-se capazes de questionar a realidade racista e machista praticada fora e dentro das igrejas.

Essas mulheres vão oferecer reflexões profundas sobre as experiências que impactaram suas vidas de diversas formas, claramente por serem negras. São mulheres que narram a ausência de seus corpos nos textos bíblicos e denunciam os lugares subalternizados que historicamente têm ocupado nos momentos celebrativos e de serviço na igreja.

Elas conseguem retirar as mulheres negras evangélicas do lugar da passividade, da concordância acrítica em que, muitas vezes, são colocadas; se apresentam como feministas antirracistas, anunciando novos caminhos de participação na luta feminista, apontando perspectivas teológicas que nascem dessa vivência de fé, e denunciam fortemente o silêncio, a ausência desses debates nas igrejas.

Evidenciam que a Igreja não está isenta de reproduzir o racismo nas suas práticas, uma vez que muitas o experimentaram nas suas próprias vidas, enquanto evangélicas. As igrejas precisam ser entendidas como espaço de libertação e não de opressão. Daí a necessidade de que o racismo seja debatido, reconhecido e combatido, pois é uma ideologia que perpassa todas as instituições, porquanto o racismo é estrutural.

> É parte da própria estrutura social e faz parte do modo como as relações sociais, de uma forma geral se constituem, ou seja, comportamentos individuais e processos institucionais são frutos de uma sociedade onde o racismo é a regra e não a exceção. Como processo histórico e político o racismo cria as condições sociais para que grupos racialmente identificados sejam discriminados de forma sistemática (ALMEIDA, 2018, p. 38-39).

O racismo estrutural se expressa nas instituições, por meio do racismo institucional, conceito originalmente introduzido pelos ativistas dos direitos civis Stokely Carmichael e Charles Hamilton[10], que fala do fracasso

---

10. Cf. *Entenda o que é racismo institucional* (2015).

coletivo de uma organização em fornecer um serviço adequado e profissional às pessoas por causa de sua cor, cultura ou origem étnica.

As igrejas não deveriam ser vistas como uma entidade que fracassou, que foi incapaz de oferecer um atendimento igualitário para todos e todas que a buscam, em geral para coletivamente cultuar, celebrar. É um lugar onde deveria ser possível todas as pessoas encontrarem acolhimento, paz, solidariedade, e não rejeição e inferiorização.

Nas cartas, é possível escutar os clamores de quem busca alegria e também justiça, são vozes proféticas que denunciam as injustiças e anunciam novas possibilidades de relacionamento, mas para isso é urgente que as igrejas entendam que seus líderes e fiéis têm machucado os corpos negros, que diante da negação, humilhação não se sentem partícipes daquele lugar.

Diante disso, os escritos das mulheres negras evangélicas mostram a necessidade de novas narrativas bíblico-teológicas que possam contribuir com a revisão de percurso das igrejas orientadas por uma hermenêutica europeia, que não dialoga com a realidade negra latino-americana e brasileira. Vale a pena destacar que essas mulheres não negam sua fé, ao contrário, é a fé que as coloca na luta por justiça e contra todas as formas de opressão sobre seus corpos.

Considerações finais

É no cotidiano que homens e mulheres provam de experiências concretas com Deus. É no dia a dia que buscam forças, orientados por sua fé, para enfrentar o racismo, sexismo e todas as opressões. É preciso que as igrejas se organizem para defender a vida de homens e mulheres, sem reproduzir práticas de subalternidade e desigualdades.

As mulheres negras evangélicas têm denunciado práticas racistas e sexistas. Cabe às instituições religiosas tratar os magoados e as magoadas, identificar posturas opressoras, propor processos formativos capazes de encontrar pessoas dispostas a revisitarem suas posturas e transformá-las, despertando para o respeito a todas as pessoas, independentemente de "raça", classe, orientação sexual, identidade de gênero, crença etc.

As questões aqui tratadas não se esgotam neste texto, que se apresenta com um conteúdo com potencial para ser mais explorado e aprofundado. Contudo, entendemos que a principal contribuição deste capítulo é mostrar que todas as mulheres negras são acolhidas pelas conquistas do movimento negro feminista, que as mulheres negras evangélicas podem, mediante a teologia negra feminista, acessar um caminho reflexivo, para propor novas narrativas de compreensão da relação com o sagrado e deste com as pessoas. Por fim, a afrocentricidade como uma epistemologia de leitura da realidade, partindo da experiência diaspórica, favorece uma compreensão do lugar que ocupamos na sociedade e nos empodera para os enfrentamentos em todos os campos da vida social.

Referências

ALMEIDA, S. *O que é racismo estrutural*. Belo Horizonte: Letramento, 2018.

ARAÚJO, C. Marxismo, feminismo e o enfoque de gênero. *Crítica marxista*, São Paulo, Boitempo, vol. 1, n. 11, 2001.

CALDEIRA, C. Hermenêutica negra feminista: um ensaio de interpretação de Cântico dos Cânticos 1.5-6. *Estudos Feministas*, Florianópolis, vol. 21, n. 3, p. 1.189-1.210, 2013. Disponível em: https://www.scielo.br/j/ref/a/v9Zjmt8XzN8DmFSyZCcNsKg/?lang=pt – Acesso em: 31 jan. 2022.

CALDWELL, K.L. Fronteiras da diferença: raça e mulher no Brasil. *Estudos Feministas*, vol. 8, n. 2, 2000. Disponível em: https://periodicos.ufsc.br/index.php/ref/article/view/11922 – Acesso em: 31 jan. 2022.

CARNEIRO, S. *Gênero e raça: estudos de gênero face aos dilemas da sociedade brasileira*. São Paulo: 2001.

CARNEIRO, S. *Racismo, sexismo e desigualdade no Brasil*. São Paulo: Selo Negro, 2011.

Entenda o que é racismo institucional. *Racismo institucional*, 28 ago. 2015. Disponível em: https://racismoinstitucional.geledes.org.br/o-que-e-racismo-institucional/ – Acesso em: 21 dez. 2021.

GOMES, N.L. (org.). *Um olhar além das fronteiras: educação e relações raciais*. Belo Horizonte: Autêntica, 2007.

GONZALEZ, L. A mulher negra na sociedade brasileira: uma abordagem político-econômica. *In*: LUZ, M. *O lugar da mulher*. Rio de Janeiro: Graal, 1982.

GUIMARÃES, A. Jesus: exemplo de resistência e esperança para promoção de direitos e vida do povo negro. *In*: PACHECO, R.; MOURA, J.L. (orgs.). *Jesus e os direitos humanos*. São Paulo: Instituto Vladimir Herzog, 2018.

LOPEZ, M.M. Sou negra e formosa: raça, gênero e religião. *In*: MUSSKOPF, A.S.; STRÖHER, M.J. (orgs.). *Corporeidade, etnia e masculinidade: reflexões do I Congresso*

Latino-americano de Gênero e Religião. São Leopoldo: Sinodal, 2005.

MAZAMA, A. Afrocentricidade como novo paradigma. *In*: NASCIMENTO, E.L. *Afrocentricidade: uma abordagem epistemológica inovadora*. São Paulo: Selo Negro, 2009, p. 111-127.

PACHECO, R. *Ocupar, resistir, subverter: igreja e teologia em tempos de violência, racismo e opressão*. Rio de Janeiro: Novos Diálogos, 2016.

WERNECK, J. *Mulheres negras: um olhar sobre as lutas sociais e as políticas públicas no Brasil*. Rio de Janeiro: Criola, 2017.

III

Tecendo o sagrado com fios quebrados e queimados

*Sofía Chipana Quispe**

1 Sentir/pensar de caminhos compartilhados

As experiências de mulheres indígenas em Abya Yala[11] são parte de processos comunitários de resistências, de onde flui uma grande rede de relações que habitam nossos corpos, pela qual buscamos o *acorpamento*[12] nos diversos espaços, a fim de *sentipensarmos*[13] como corpos femininos excluídos, mas reconhecendo-nos nas memórias que habitam nossos úteros em vínculo com as matrizes ancestrais, graças às conspirações do cosmo.

---

* Teóloga andina da Bolívia, membro da Comunidade de Mulheres Sábias e Teólogas Indígenas de Abya Yala e articulação da Teologia e Pastoral Andina, Peru-Bolívia-Argentina. Tradução para o português por Caroline Bezerra de Souza. *E-mail*: carolbsouza@gmail.com

11. Significaria literalmente terra em plena maturidade, e uma maneira pela qual o povo Kuna do Panamá e da Colômbia nomeou o que hoje é chamado de América Latina.

12. *Acuerpar* no texto original espanhol indica o sentido de agrupar-se para suporte e fortalecimento [N.T.].

13. *Sentipensar* é um conceito criado pelo Prof. S. de la Torre em que coloca em conjunto duas formas de interpretar a realidade, tanto a reflexão como o impacto emocional, para a geração de conhecimento [N.T.].

Nesse compartilhar invocamos a Palavra Viva[14] de 2009, quando gestamos a Comunidade de Sábias e Teólogas Indígenas de Abya Yala (COSTIAY)[15], que tenta ser um pequeno *acorpamento* comunitário, já que nossa linda pluralidade, os povos que se negaram a morrer – seguem sendo e estando – são muitos, embora sejam catalogados como "minorias étnicas" e sempre estão ameaçados de extermínio pelas extensões coloniais dos Estados e seus sistemas de desenvolvimento. Porque é impossível caminhar separadas de nossas comunidades, embora muitas de nós somos conscientes de que não se trata de manter tradições que não saíram ilesas pelas diversas influências coloniais, mas é significativo nos reconhecer como:

> Descendentes das culturas milenares, herdeiras das avós e avôs, valentes mártires lutadoras como Bartolina Sisa, Gregoria Apaza, Micaela Bastidas, Tomasa Tito, Digna Ochoa, Comandanta Ramona, Transita Amaguana, Dolores Cacuango, que foram assassinadas, violadas, humilhadas, torturadas, desaparecidas, exiladas pela defesa da vida, da terra, dos filhos e filhas, pela justiça e direito à vida dos povos indígenas. Somos também semente viva de mulheres anônimas, mães e filhas, que dia a dia cultivaram

---

14. É uma forma de nominar nossos acordos que são socializados, que têm o tom de palavras de vida.

15. Em 2009, quando nos constituímos como comunidade, nos reconhecemos como teólogas, porque todas realizamos estudos em teologia nos espaços cristãos. Por isso a atribuição; contudo, para nossos povos, o sentido de relações com as espiritualidades e os saberes estão nas mãos de homens e mulheres, reconhecidos por suas comunidades como sábios, sábias, guias, razão pela qual foi decidido mudar nossa maneira de nos autonomearmos.

nossos saberes ancestrais e transmitiram a cultura de geração a geração, como Rigoberta Menchu, Rosa Ribeiro, Domitila Chungara. Somos herdeiras da história de opressão, persistência e resistência de nossos povos (COSTIAY, 2009, s/p.).

Descobrimos, por sua vez, que desde a *femealogia*[16] de nossas mães, avós e ancestrais buscamos preservar o equilíbrio e harmonia da Mãe Cosmos nomeada em nossos diversos idiomas[17] como: *Pachamama*, *Xochitlalpan*, *Nan Uleu*, *Tlalli*, *Pats*, *'Enauacna*. Reconhecendo que a espiritualidade ancestral passa por nossos corpos e se integra na grande rede de relações, força que se expressa em nossos idiomas, cores, melodias, danças, festas, símbolos, ritos, mitos que nos dão energia para seguir no caminho que nos leva a resgatar os fios quebrados e queimados para tecer criativamente mantos multicoloridos que vão além das instituições e nos constituem em comunidade caminhante.

2 Memórias que desenharam o tecido que oferecemos

Evocar a memória das resistências em Abya Yala supõe aproximar-se das espiritualidades e cosmogonias profundas que sustentam a vida nos diversos territórios que a conquista e a colonização não puderam extinguir,

---

16. Termo usado por Lorena Cabnal para se referir ao vínculo com a veia ancestral feminina, como memória de cura através do vínculo.
17. Fazemos parte das nacionalidades e povos: Aymaras, Quechuas, Kichuas, Nahuatl, Maya Quiché, Maya Kakchiquel, Qom, Kaigang.

já que nas espiritualidades ancestrais herdadas, se percebe a inter-relação dos corpos e territórios vinculados com os ritmos cíclicos do cosmos, embora, sem dúvida, esses vínculos e ritmos fossem alterados pelas diversas lutas locais e as expansões territoriais de alguns povos pré-hispânicos que buscaram homogeneizar a vivência das espiritualidades e as práticas religiosas a fim de exercer seu domínio. No entanto, se percebe que as espiritualidades e as cosmogonias tiveram muito em comum, por isso é possível reconhecermo-nos como povos irmanados por cultivar cosmologias cósmicas relacionais.

No emaranhado das expressões espirituais, sabedorias e cosmogonias definitivamente não foram consideradas como tais pela conquista colonizadora e o cristianismo da cristandade[18] que se estendeu pela Abya Yala, arrasando territórios e alienando identidades e sentidos de vida, desde o que se denominou as campanhas de "extirpação de idolatrias" profanando tudo o que estava fora dos parâmetros da cultura e religião dominante, como se pode apreciar na narração que procede do ano

---

18. De acordo com as contribuições de Víctor Codina, ordinariamente aceita-se que a cristandade nasceu no século IV com a chamada virada de Constantino (nos tempos de Constantino e Teodósio), foi consolidada e capitalizada com a reforma gregoriana (Gregório VII) e com a teocracia pontifícia medieval (Inocêncio III) e permanece de pé até o Concílio Vaticano II, apesar das fortes críticas e choques históricos que o cristianismo sofreu com a Reforma, a Modernidade Iluminista e a Revolução Francesa. A cristandade é uma igreja intimamente ligada ao Império, uma igreja identificada com a sociedade massivamente batizada, que configura toda a ordem social, política, cultural, legislativa e moral da sociedade. Segundo ela, fora da Igreja não há salvação, a Igreja é o Reino de Deus presente na terra, a Igreja representa o mundo do sagrado, da graça, contra o mundo profano e da natureza, que tem que acessar a hierarquia eclesiástica para alcançar sua salvação.

de 1565 da região de Yauyos (Peru), que foi apropriado por Eduardo Galeano:

> O oficial do rei aguarda a bruxa, hábil em maldades, que deve prestar contas. A seus pés jaz de bruços o ídolo de pedra. A bruxa foi surpreendida quando estava guardando secretamente esta *huaca*. E logo vai pagar por sua heresia. Mas antes da punição, o oficial quer ouvir de sua boca a confissão de suas conversas com o demônio. Enquanto espera que a tragam, se diverte pisando na *huaca* e meditando sobre o destino desses índios, o que faz Deus se arrepender de tê-los criado.
> Os soldados jogam a bruxa para fora e a deixam tremendo na soleira.
> Então a *huaca* de pedra, feia e velha, saúda a bruxa velha e feia na língua quíchua:
> – Seja bem-vinda, princesa – diz a voz, rouca, da sola do oficial.
> O oficial fica vesgo e cai, de braços abertos, no chão.
> Enquanto o abana com um chapéu, a velha se agarra ao casaco do desvanecido e grita: "Não me castigue, senhor, não a quebre!"
> A velha gostaria de lhe explicar que naquela pedra vivem as divindades e que, se não fosse o *huaca*[19], ela não saberia seu nome, nem quem é, nem de onde vem, e ela vagaria pelo mundo nua e perdida (GALEANO, 1998, p. 43-44).

---

19. Trata-se de lugares e pedras sagradas, protetores das comunidades, considerados como suas divindades. Embora possa ser chamado de *huaca*, no entanto, continuaremos com aquele que reflete a forma como é nomeado tanto em quéchua quanto em aymara, *wak'a*.

Detenho-me na última parte do relato, a *wak'a;* nesse caso, trata-se de uma pedra sagrada, já que poderiam ser objetos de pedra, onde habitam os espíritos das protetoras e dos protetores que sustentam a vida dos povos. Pois essa *wak'a*, a que cuidava a mulher chamada de "bruxa"[20], conservava o sentido de sua vida e sua conexão com a vida de seu território que supõe toda sua história, por isso implora para que não a destruam, pois sem ela não saberia como se chama, nem quem é, nem de onde vem. Pois para muitos a destruição do que se considerava sagrado significava a alienação de suas identidades, por isso a mulher andaria desnuda e perdida pelo mundo; tratava-se de uma desarmonização total, pois essa *wak'a* era o vínculo com a memória de seus ancestrais, de seu corpo e seu território.

Trata-se do vínculo de ambos, corpo e território, ou seja, a integração da *Pacha* (o cosmos habitado), como buscaram fazer as mulheres e homens do movimento *Taqi Onkoy*[21], que entre danças e cantos invocavam o poder das *wak'as*, para limpar o território que sofria com as invasões, vexames e sacrilégios da conquista. Já que os corpos e os territórios são uma realidade integrada,

---

20. É uma extensão da caça às bruxas na Europa, dos séculos XV ao XVIII. Como Silvia Federici o desenvolve em sua obra *Caliban e a feiticeira*.

21. Movimento que surgiu por volta de 1565, usava a dança para limpar a terra dos males que a afligiam. É conhecido como "a enfermidade da dança", aparentemente utilizava uma dança ritual de relacionamento com as divindades andinas, pois sua proposta era que as *huacas*, divindades andinas, confrontassem os conquistadores e o deus cristão, a partir da reivindicação da espiritualidade ancestral, a fim de restaurar a organização andina. Diz-se que foi um dos movimentos que se espalharam por várias regiões da Serranía do Peru, a costa de Lima e Sucre, na Bolívia, conhecidas como Charcas.

pois a dor profunda do espírito afeta o corpo e as doenças do corpo afetam o espírito. No entanto, para que se propicie a cura, não basta só o contato com o corpo dolorido, será importante o restabelecimento da relação com a *Pacha* (cosmos), por isso sábias e sábios farão a invocação a todas as protetoras e protetores do espaço, aos que possivelmente a pessoa enferma poderia afetar, ou fazer a invocação das forças para restabelecer o corpo ferido. Dessa forma, se integra ao corpo-território e o território terra.

3 A cura dos corpos como um caminho cósmico-político

O desenho do tecido que oferecemos parte das experiências oprimidas e alienadas, nas quais se considera o sentido de espiritualidades curadoras, que é a contribuição epistemológica, espiritual e política do corpo-território e do território terra, uma grande contribuição que se gesta nos espaços de mulheres indígenas, que seguem as rotas dos caminhos de sabedorias das mulheres que se encontram nas tramas da vida, embora o ponto de partida é a espiritualidade vinculada às ancestrais, da qual se nutrem e acompanham suas lutas pelos territórios terra, em plena conexão com seus corpos, como diria a sábia xinca Lorena Cabnal:

> Na abordagem de recuperação e defesa histórica de meu território corpo terra, assumo a recuperação de meu corpo expropriado, para gerar nele vida, alegria, vitalidade, prazeres e construção de saberes libertadores para a tomada de decisões e esta potência

> junto à defesa de meu território terra, porque não concebo este corpo de mulher sem um espaço na terra que dignifique minha existência e promova minha vida em plenitude. As violências históricas e opressivas existem tanto para meu primeiro território corpo como também para meu território histórico, a terra. Nesse sentido, todas as formas de violência contra as mulheres atentam contra essa existência que deveria ser plena (CABNAL, 2010, p. 22).

Essa é uma grande contribuição da sabedoria ancestral, já que a maioria das cosmovisões ancestrais localiza a comunidade humana dentro das inter-relações que se dão no interior do cosmos, como recordamos nas sabedorias de avós e avôs, que "o ser humano não tece a trama da vida, não é mais do que um de seus fios. Tudo o que se faz à trama, se faz a si mesmo". Essa sabedoria, às vezes obscurecida e outras vezes muito mais um pressentimento, é a que incomoda o capitalismo extrativista que busca a todo custo recolonizar os territórios-terra e os territórios-corpo, com a cumplicidade das forças armadas dos Estados, a fim de seguir sustentando o poder e bem-estar de alguns e algumas.

A partir das memórias da geração mútua da vida[22] que surgem das forças vinculadas aos ancestrais: sábias/sábios, guardiãs/guardiões e guerreiras/guerreiros, em pleno contato com as *wak'as*, muitos povos se sentem motivados a lutar pela terra e território habitado por to-

---

22. Criar em aymara é *uywaña*, e é melhor compreendido, porque tem o sentido de adotar e se responsabilizar pela vida, cuidar dela com ternura, alimentá-la, amá-la, protegê-la.

das as comunidades de todas e todos os viventes dos espaços e tempos, mas também por todas as outras comunidades que habitam de outras maneiras nas montanhas, lagoas, rios, córregos, bosques, montanhas cobertas de neve; então a devastação dos territórios não só supõe a contaminação e expropriação, mas a destruição dos outros mundos que não vemos, que implicaria a perda de nossas identidades e o desaparecimento de muitos povos, já que suas cosmovisões e espiritualidades têm suas origens e suas sábias raízes em seus territórios milenares.

Por isso, saudamos e acolhemos a força das redes de mulheres curandeiras ancestrais do feminismo comunitário da Guatemala, cuja organização e proposta se orienta na recuperação espiritual das mulheres indígenas a partir das sabedorias das ancestrais, como um ato político. Já que a proposta de cura do território corpo e do território terra, como caminho cósmico-político, é uma proposta próxima do sentir dos povos e supera a noção binária de gênero. Embora assuma que as diversas opressões, como machismo, racismo, misoginia, se constroem sobre o corpo das mulheres, também se reconhece nesse mesmo corpo energia e força para curar. Por isso, será importante resgatar o sentido do corpo para as mulheres indígenas como o faz desde sua experiência Sylvia Marcos:

> Não se define como o lugar dos dados biológicos, ou seja, do material e do imanente, e tampouco é o limite que marca a fronteira entre o ser interno e o mundo externo. Nas tradições das mulheres indígenas organizadas, o corpo tem características muito diferentes das do corpo anatômico ou biológico

> moderno. O exterior e o interior não estão separados pela barreira hermética da pele. Entre o exterior e o interior há um intercâmbio permanente e contínuo. O material e o imaterial, o exterior e o interior, estão em permanente interação e a pele é constantemente atravessada por fluxos de todos os tipos. Tudo aponta para um conceito de corporalidade aberto às grandes direções do cosmos. A ritualidade das mulheres indígenas expressa isso, por exemplo, quando, no início de uma cerimônia, os corpos vão alternadamente para cada curso ou direção do cosmos... [O que] expressa conceitos profundos da interconexão dos corpos e do cosmos... (MARCOS, 2013, p. 21).

Como afirmado anteriormente, a cura dos corpos-territórios das mulheres responde a uma necessidade presente no contexto da defesa do território, em que o corpo das mulheres tem perdido o sentido de sua dignidade. Como divide Lorena Cabnal, trata-se de:

> Uma contradição no interior dos movimentos de defesa territorial é o fato de que as mulheres que convivem no território terra vivem em condições de violência sexual, econômica, psicológica, simbólica e violência cultural, porque seus corpos ainda seguem expropriados (CABNAL, 2010, p. 23-24).

Sem dúvida, a violência dos corpos das mulheres indígenas reflete as múltiplas opressões que não se limitam aos espaços comunitários de seus povos e famílias, mas também às instâncias estatais que supostamente têm a tarefa de protegê-los, porém, ao estar permeados pelo patriarcado colonial e o racismo, não viabilizam a execução de suas demandas; por exemplo, não será estranho que, diante das denúncias por qualquer tipo de violência, a polícia e outras instâncias não prestem maior interesse no cumprimento das leis de proteção, mas bem estabeleçam uma luta desigual entre os corpos.

Portanto, considera-se que a violência exercida sobre o corpo das mulheres indígenas tem uma dupla expropriação: do patriarcado ancestral e do patriarcal ocidental, o que o feminismo comunitário da Bolívia denominou como conexão patriarcal, embora não se possa equiparar o patriarcado ancestral ao poder do patriarcado ocidental, já que este também feminizou o corpo masculino indígena, o que leva algumas a questionar se é pertinente usar o termo de patriarcado nos contextos indígenas, pela complexidade das relações que se instauram, porém não se pode negar que com o tempo a população indígena masculina passará a ser reconhecida como a mediadora entre os povos, a estrutura colonial e os estados-nação, embora sempre em uma relação desigual de minoridade ou de inferioridade.

Apesar das diversas expressões muito menos hierárquicas e binárias dos povos vinculados a sua ancestralidade, reconhece-se certos desequilíbrios em suas relações, pois a cura dos corpos-territórios implica restabelecer as dignidades dos corpos que têm sido violentados, a partir do desmonte de todas as formas de violência. Desse modo, nos caminhos de busca e de saberes que se oferecem para fazer frente aos modelos da cultura dominante, será necessário partir dos princípios cosmogônicos do equilíbrio e da harmonia, que buscam restabelecer as relações quebradas que, muitas vezes, se sustentam na interpretação das cosmogonias na qual a dualidade começa a hierarquia, e se estabelece a subordinação da mulher ao poder masculino; nesse sentido Julieta Paredes afirma que "os homens devem começar a entender que o mundo é dual, somos duas partes que temos o mesmo valor, somos duas diferentes que valem a pena mesmo..." (PAREDES, 2008, p. 32).

Portanto, a partir dos princípios de equilíbrio, harmonia e reciprocidade, a negação, a sujeição e submissão atenta contra a existência mesma de quem exerce o poder como domínio, como expressa Lorena Cabnal:

> Submeter a mulher à identidade do homem ou vice-versa é cercear a metade do potencial da comunidade, sociedade ou humanidade. Ao submeter a mulher se submete a comunidade, porque a mulher é a metade da comunidade e ao submeter uma parte da comunidade, os homens se submetem a si mesmos porque eles também são a comunidade (CABNAL, [s.d.], p. 14).

4 Reconstituindo o Bem Viver

A partir da memória ancestral, embora haja uma busca por mudar como comunidades, povos e nacionalidades indígenas, as injustiças econômicas, ambientais, políticas e a agressão, violência e dominação contra as mulheres não podem ser separadas. Isso porque o racismo não pode ser separado do patriarcado, antes deve-se considerar a tripla dominação, racista, patriarcal e classista, embora no caso das mulheres indígenas seja um desafio maior, pois todas essas condições se somam em uma única realidade.

Por isso, a abordagem consciente do feminismo comunitário da Bolívia e Guatemala sobre a configuração do patriarcado ancestral como milenar situa-nos na longa memória para compreender que o que se considera como o poder patriarcal nos povos não deslegitima os princípios ancestrais profundos que ainda sobrevivem, mas sim nos permitem *sentipensar* como opera e se fortalece o poder do domínio.

Os diversos modos de vida dos povos indígenas de Abya Yala estão vinculados a princípios relacionais, conforme se afirma na perspectiva do Bem Viver, que significa

> viver em harmonia com os ciclos da vida, saber que tudo está interligado, inter-relacionado e é interdependente; *bem viver* é saber que a deterioração de uma espécie é a deterioração do todo; pensamentos e sabedorias de nossos avôs e avós que hoje nos dão a clareza do horizonte de nossa caminhada.
> Viver em equilíbrio com quem? Com todas as formas de existência. "Tudo vive", dizemos em aimara: as montanhas, o rio, os insetos, as árvores, as pedras, tudo vive; portanto, faz parte de um equilíbrio perfeito da vida. E nós, para reconstituir o *bem viver*, temos que viver em equilíbrio com todas as formas de existência e não apenas com tudo o que vemos; mesmo com o que não vemos: nossos avós, nossas avós, nossos ancestrais, porque eles também estão conosco (HUANACUNI, 2012, p. 24).

O Bem Viver, ou a vida em plenitude, é a expressão profunda das várias redes de relações que se entrelaçam no grande tecido da vida; por isso, as várias rupturas supõem desarmonias, nesse sentido, como observa Lorena Cabnal, não podemos negar que há opressão dentro dos povos e comunidades, que é conveniente reconhecê-las e não encobri-las, pois acolhendo as palavras de Huanacuni, o Bem Viver teria que ser entendido como um horizonte "que nos permite reconstituir nossas forças, nossa vitalidade, saber quem somos, como vivemos, com que forças e quem nos acompanha" (HUANACUNI, 2012, p. 24).

Portanto, a proposta da cura está vinculada ao restabelecimento do equilíbrio e da harmonia da vida, que chega como uma grande oferta à vida, que caminha a partir da consciência cósmica que nos coloca nas dinâmicas das inter-relações, em que a reciprocidade da cura não se limita aos corpos das mulheres, mas alcança também os outros corpos, como o afirma a palavra poderosa das mulheres curandeiras, "me curando, cura você, e curando você, me curo".

Trata-se de um processo profundo em que as reciprocidades possibilitam a regeneração das relações com todos os corpos como territorialidades sagradas, que se conectam com os sentidos cósmico-políticos, assumindo-se como corpos afetados por fome, doença, violência, opressão do trabalho, racismo, sexismo, o desapropriar e a contaminação dos nossos territórios, porém também como corpos que têm a possibilidade de se levantar, por terem também a alegria, a festa e o desejo.

Agradecemos que, a partir das energias vitais, nos chegue o desejo da cura, como um projeto histórico dos vínculos, dos encontros, das ritualidades em torno dos ciclos de vida, das comidas compartilhadas, das plantas medicinais que se oferecem para fortalecer o caminhar das espiritualidades que sustentam a criança e a proteção da vida em nossos territórios, diante do desamparo daqueles que dizem protegê-la em nome do desejado desenvolvimento que destrói a vida de nossos povos.

Definitivamente, se questionarmos os poderes que adoecem a vida, as mulheres têm muito que desaprender e recuperar os poderes da vida que estão presentes no cotidiano, que não requerem ser teorizados, mas vividos, assumindo que o que temos desprezado, como o corpo, a cozinha, a espiritualidade, possibilita a cura, pois somente assim é possível reconstruir a vida não só humana, mas a vida de todos os seres e de nossa *Pacha* (cosmos relacional).

Acorpadas neste tempo propício no qual se questiona o modelo de vida imposto desde o utilitarismo do mercado que se sustenta na hegemonia de um pensamento racista, pelo qual é necessária uma abertura de coração entre mulheres, como expressa Francesca Gargallo:

> Se o feminismo como teoria nega ou reduz a força transformadora gerada pelas mulheres dos povos originários junto com os homens de suas nacionalidades, então irá incorrer no mesmo reducionismo que as demais ideologias universalistas em seu desejo de domínio do resto do mundo (GARGALLO, 2014, p. 9, 43).

5 Tecendo as espiritualidades ancestrais

Como dissemos anteriormente, as espiritualidades ancestrais estão entrelaçadas na vida, portanto, não é possível desvinculá-las dos caminhos do Bem Viver, pois elas permaneceriam no nível do discurso muito distante da vida e de suas relações. Nesse sentido, será preciso considerar as relações duais das forças femininas e masculinas que estão sendo resgatadas nas cosmogonias dos povos ancestrais de Abya Yala e o sentido de suas espiritualidades relacionais, considerando as intuições das mulheres e de suas sabedorias que não foram completamente alienadas pelos encargos coloniais que resistiram, porém também pelo questionamento aos usos e costumes que geram rupturas em sua organização comunal. Suas palavras e presenças não buscam invalidar a contribuição e sabedoria de seus povos, mas romper com as relações hierárquicas que são interpretadas pelas sociedades "ocidentais", como as mais violentas, embora o patriarcado hegemônico use linguagens mais sutis para seguir sustentando o poder.

Por isso, é muito pertinente que algumas organizações de mulheres indígenas comecem a questionar o sentido do Bem Viver que foi oferecido a partir dos espaços indígenas para restaurar a inter-relacionalidade, a complementaridade e a reciprocidade das diversas comunidades humanas e não humanas, a fim de gerar o equilíbrio necessário para a harmonização da rede da vida que se percebe a partir das diversas forças ou energias cosmológicas, frente ao sistema hegemônico do capitalismo patriarcal, que desde as conquistas, as colonizações, as neocolonizações do mercado, e até as supostas "democracias", continua rompendo sistematicamente as relações no e com o cosmos. Pois, dentro dessa grande contribuição, algumas vozes de mulheres estão tornando visíveis as rupturas internas em suas comunidades de origem que bloqueiam o sentido do bom conviver, como diria Lorena Cabnal, trata-se de evidenciar que há desarmonia cosmogônica entre mulheres e homens, e nos convida a "repensar profundamente para desmontá-la e voltar ao caminho que nos permite construir a plenitude da vida" (CABNAL, [s.d.], p. 13).

Pois as rupturas no interior de nossos povos precisam ser curadas, pois não se pode negar que diversas formas de violência são exercidas nessa desarmonia, fazendo com que o sentido ao qual a pessoa é chamada em seu caminhar nesta terra seja completamente distorcido. Dessa forma, o Bem Viver tende a ficar nas palavras, não tem o poder de *Ajayu* (força vital) e *Qamasa* (coragem) de cultivar inter-relações.

Conectamo-nos com as profundas sabedorias de nossas espiritualidades ancestrais na Abya Yala, o que implica deixar certas roupagens aprendidas na colonização religiosa do cristianismo da cristandade civilizatória que se empenhou em extirpar as supostas idolatrias de nossos povos, banindo nossas Divindades e com elas nossas sabedorias. Por isso, aquelas e aqueles que fomos tocados em nosso ser pelo cristianismo nos encontramos com o desafio de entrar na misteriosa dinâmica do *ch'uju* (silêncio de coração) para sentir e acolher novamente desde o coração a ancestralidade, como as raízes que sustentam nossas existências, pois, segundo as palavras sábias do povo Maia, "arrancaram nossos frutos, cortaram nossas ramas, queimaram nosso tronco, mas não puderam matar nossas raízes" (*Popol vuh*).

Por muito tempo, na busca por sustento de nossas existências e resistências nos diversos territórios e nas cidades distantes das comunidades de origem, a partir de nossa condição de migrantes de segunda e terceira geração, e no afã de buscar as epistemologias de nossas espiritualidades, começamos a buscar as sabedorias ancestrais nos escritos, na palavra e em algumas experiências, promovidas em geral a partir dos espaços acadêmicos. Isso nos levou muitas vezes a delimitar a experiência de nossos povos como objetos de "investigação". Sem considerar que as fontes profundas das espiritualidades ancestrais são as que ainda sobrevivem em alguns de nossos lugares e em seu devir cotidiano de onde fluem as relações no núcleo familiar e a organização comunitária de cada povo nos territórios de origem, por meio das ritualidades que buscam restabelecer a comunhão com a grande rede da vida, sentida e nomeada de variadas maneiras nos diversos tempos e espaços, de formas complementares e relacionais a fim de sustentar o equilíbrio e a harmonia.

6 A harmonização das forças duais

As dinâmicas relacionais dos povos se sustentam em diversos códigos que são assumidos a partir de forças que se contrapõem e se complementam, estabelecendo desse modo o sentido da racionalidade a partir da dualidade, como se pode apreciar nas cosmologias dos povos, que se distinguem das noções binárias que separam as realidades, já que, mais do que uma integração ou inclusão, se estabelece a fluidez recíproca, embora pareça limitar-se às categorias sexuais do feminino e masculino; porém, pelas formas nas quais sobrevivem certas ritualidades, parece refletir as energias plurais do cosmos, portanto, as diferenças necessárias daquilo que foi velado e que ainda não conhecemos. Já que, em nossos contextos, a diferença ficou no âmbito do inédito, como aquilo que ainda não tenha sido escutado profundamente, que não tem sido contemplado e acolhido, pois sem resgatar essa dimensão de nossas vidas e histórias se faz impossível entender o caminho das sabedorias e espiritualidades.

Portanto, o inédito está nas narrativas da história não oficial, ou seja, a espiritualidade dos povos, das mulheres e dos homens, em sua relação com o mistério sagrado da vida. A diversidade sempre tem dado medo no egocentrismo, aquele que pensa que é "único" ou, simplesmente, que desconfia daquilo que não corresponde a sua categoria mental e a sua experiência. Por sua vez, quebra qualquer pretensão de universalidade e rompe com as culturas dominantes. Dessa perspectiva, as espiritualidades ancestrais dos povos partem do sentido da criação mútua da vida, que ainda se expressa nas cosmogonias dos povos Abya Yala que concebem a inter-relacionalidade que restabelece o equilíbrio e a harmonia cósmica, porque se entende que há realidades que não podem ser alteradas, mas sim resguardadas e cuidadas a fim de preservar a territorialidade comum, chamada no contexto andino como *Pacha*.

Para uma melhor compreensão da *Pacha* andina é preciso localizá-la a partir do conceito ancestral relacionado à paridade energética cósmica (*pa* = dos e *cha* = energia e dinamismo). De modo que, para o contexto andino, não se concebe um universo, mas o *pariverso*, entendido como um organismo vivo que cobiça a todos os seres como um seio relacional. Segundo o princípio de relacionalidade, não pode existir nada fora da relação, porque é condição para a vida, portanto, tudo o que existe subsiste graças à rede de relações vitais entre as diversas dimensões, tempos e elementos da vida. Poderíamos dizer que o sagrado é a mesma relacionalidade vital, articuladora, garantidora e possibilitadora do grande tecido da vida.

Nos mundos indígenas, o sentido de *pariverso* será muito importante porque se trata da força dinâmica de constante fluidez, onde todos os seres são parte dessas inter-relações, portanto, são parte da *Pacha*, sendo assim, portadores da "dignidade sagrada", porque participam nas forças do mistério da vida que está inter-relacionada e flui nos espaços e ciclos cósmicos.

Embora tenha que considerar que a dualidade foi adquirindo diversos matizes, ainda em nossos dias, apesar da extirpação do sentido do sagrado, se reconhece o aspecto feminino de *Pachamama* no contexto andino que responde a sua própria cosmogonia que leva a nomeá-la como a mãe que nutre, protege, sustenta e inter-relaciona. Em sentido amplo, não pode ser reduzida à terra que está à vista e ao alcance das mãos, embora esteja intimamente ligada à terra-território, mas *Pacha* é tempo, espaço, cosmos. Pode-se dizer que é o princípio e o fim da nossa existência e de todos os seres, porque dela saímos e a ela regressaremos. Diz-se que nos viu nascer, crescer, reproduzir, viver, conviver, e a ela retornamos quando passamos a outras formas de vida. Nesse sentido, a *Pachamama* é reconhecida como a Senhora do Cosmos e Mãe de todo ser, pelo que confere um caráter sagrado a todos os seres, de onde surge o sentido de inter-relacionalidade, comunitariedade e reciprocidade de um constante dar e receber que é expresso por meio de uma série de ritos que buscam restabelecer as relações através das sinergias que se estabelecem entre as várias comunidades de vida, aquelas que vemos e aquelas que não vemos, mas que estão presentes.

A presença da hegemonia religiosa que se impôs em nossos territórios supôs que as relações ancestrais com o sagrado foram adquirindo roupagem cristã que mudaram seus sentidos ao serem consideradas como pecaminosas, feitiçaria, bruxaria, portanto, obras do demônio. De outro lado, muito dos espaços destinados aos seres tutelares, como são reconhecidas as forças vitais do sagrado nos povos, foram atribuídos a templos ou símbolos cristãos. Um exemplo claro temos no México com o espaço sagrado de *Tonantzin* (Mãe dos deuses/nossa Mãe), a colina do Tepeyac, onde hoje se encontra Maria com a invocação de Guadalupe, sustentada a partir da narrativa da aparição ao indígena Juan Diego, como uma espécie de revelação cristã que o povo "indígena" recebe. Apesar de diversas interpretações a respeito, não há dúvidas que foi parte das estratégias de imposição ou suplantação que buscou deslocar as antigas divindades para dar passagem ao santuário cristão; é assim que ao longo de diversos territórios se foi impondo os símbolos da religião dominante, o que produziu não somente sua supressão, mas também suas distorções e bloqueios em seu desenvolvimento como povos, já que por muito tempo, e por que não dizer ainda em nossos tempos, se vive de modo clandestino ou é assumido como sendo de caráter folclórico e esotérico, como se pode ver com a manipulação do rosto feminino do universo que nesse tempo é usado por alguns movimentos ambientalistas e políticos que desvirtuam o sentido vital do cosmos.

Por sua vez, o caráter das espiritualidades ancestrais sustenta os princípios relacionais que buscam o equilíbrio e a harmonia a partir dos quais se sustentam as resistências. Embora as relações com o sagrado se configurem a partir da dualidade, encontramos a relação com espíritos ou protetores/protetoras, que evidencia que tudo tem vida, não é imóvel, tem suas próprias dinâmicas, seus ritmos, sua vida. Só como exemplo, menciono o diálogo que se estabelece no mundo aimara, com as *ispallas* (espírito dos alimentos), compartilho alguns fragmentos do diálogo que se mantém no ritual, nas palavras de Vicenta Mamani:

> *Mama ispalla*, você sacia nossa sede e fome, por ti somos pessoas e temos voz, até para gritar. Agora sirva-te desta coca, te unjo com este sebo[23] para que estejas fortalecida para que sejas muito frutífera.
>
> Antes da chuva de granizo e da geada não tenhas medo, enfrenta-a com toda tua força e coragem.

---

23. Faz-se referência à gordura da lhama, que é denominada como um ser amado pelas forças sagradas e que é em si mesma um ser sagrado.

> Agora florescendo tu vais dançar ao ritmo do vento dos morros e dos pampas.
> Sabes que sou tua irmã e não te abandonarei, que sempre te acompanharei.
> Logo regressarás, te esperarei dia e noite, cuidando para que durmas no corpo da mãe terra.

Experiência que só pode ser compreendida a partir da consciência da inter-relacionalidade, na qual se considera o cuidado e a responsabilidade com cada um dos seres que supera uma relação instrumental. Nessa dinâmica de interdependência, reconhece-se que há seres que necessitam uns dos outros, isso se chama reciprocidade; por isso, se alguém anda em conflito ou comete injustiças contra o outro, gera desordem em toda a comunidade da vida, por essa razão serão tão importantes os ritos de reconciliação comunitários nos espaços destinados para esse fim. De modo que a ritualidade da vida, no nível pessoal, familiar e comunitário, é fundamental, porque é uma maneira de manter o equilíbrio de tudo, não se limita a ritualismos, mas é a profunda convicção de que a vida será transformada, onde se dá a dinâmica "eu vivo, se tu vives".

No entanto, resgata-se que nas relações com o que se considera como fontes da vida se estabelecem vínculos duais embora, no contexto andino, ainda se mantém a força da *Pachamama* com todas as suas complexidades, a força considerada como masculina recebeu maior influência do cristianismo, potencializando-se com outras forças que possivelmente não eram as suas, tanto que perdeu seus sentidos e se alinhou na força colonial baseada na preeminência do masculino, pela qual é reconhecida nas várias regiões andinas como: *Illapa, Wiracocha, Apu Tata, Pachacamac, Pachatata*, o que nos permite ver que o feminino foi diluído ou distorcido. Por exemplo, a configuração do *Tío* ou *Muqui* das minas que representam a personificação do demônio, e que na época colonial foi associada à profundidade das colinas de onde se extraíam os minerais, enquanto para o povo era parte do ventre da *Pachamama*, ou *Apus* (espíritos ou forças protetoras femininas ou masculinas), que mereciam ser respeitadas, mas os evangelizadores as interpretaram com base em seus próprios esquemas religiosos, o que gerou medo, confusão e desconfiança. Ou as configurações de Maria, como a mãe terra virgem, para a qual foram estabelecidos santuários para Maria nos espaços destinados ao culto à *Pachamama*, ou o sagrado feminino dos outros povos de Abya Yala nomeado e sentido a partir de suas próprias experiências.

Portanto, ainda é necessário investigar em profundidade o que as forças masculinas e femininas significaram para as espiritualidades ancestrais que chegaram até nossos tempos com uma série de indumentárias coloniais e apresentadas a partir da hegemonia do masculino, perdendo assim suas diversas peculiaridades e poderes próprios, que foram, sem dúvida, assumidos pelo lado mais predominante.

7 Seguindo as forças vitais femininas

Como dito anteriormente, a espiritualidade em contextos indígenas tem a ver com os processos de inter-relações que são possíveis a partir da complementaridade, desde a qual se entende a paridade e dualidade da força feminina e masculina, como vínculos necessários para a existência. E não a partir do sentido de subordinação ou inclusão do feminino em função do masculino, como as relações no cosmos passaram a ser compreendidas, "[...] baseadas na sexualidade humana heteronormativa, [que] se reflete na construção do pensamento sexual cósmico" (CABNAL, 2010, p. 13).

É importante considerar que a preeminência e representação do masculino no cristianismo e na estrutura colonial foi permeada na vida e na organização dos povos, desprezando a força feminina ancestral, embora ela siga fluindo nas inter-relações que vão para além dos corpos designados como femininos, incluindo o cosmos ou a natureza, pois nesse vínculo cósmico, segundo Vandana Shiva, que posiciona a feminização da natureza, associando a mulher à natureza, "é um modo de agressão e dominação masculina sobre a natureza, a mulher e o não ocidental", pois o "princípio feminino contrasta com o sentido da naturalização da mulher, embora o estabelecimento dos papéis para as mulheres esteja em pleno vínculo com os ritmos da natureza e, por que não dizer, inclusive a vivência muito mais consciente" (SHIVA, 1998, p. 8).

Seguindo o caminho dessa reflexão, é importante mencionar que a ruptura com a energia vital feminina tem a ver com o esvaziamento do sentido de relacionalidade. Trata-se, portanto, de "evidenciar que há uma desarmonia cosmogônica entre mulheres e homens e nos convida a repensar profundamente para desmontá-la e voltar ao caminho que nos permite construir a plenitude da vida" (CABNAL, [s.d.], p. 13).

Embora as rupturas sejam bem profundas que justifiquem mudar os signos das rotas marcadas e buscar as sendas ancestrais do sagrado feminino que foram se perdendo, mas que ainda conservam sua força e seu poder em expressões rituais por meio de danças, cantos, oferendas, gestos, palavras que permitem a conexão com uma parte da história desconhecida, mas intuída e vivida, como diz Verónica Cordero, "as divindades femininas e seus poderes foram deslocados, entrando no mundo das divindades sombrias, e continuam a transitar nos espaços pouco visíveis" (CORDERO, 2003, p. 4). Embora não se possa negar que a presença da força vital feminina sobrevive à sombra de outras imagens, ela também está submersa em nossos corpos, pois "está absolutamente ligada às experiências vitais dos seres humanos situados nos mais diferentes contextos culturais. São vividas e celebradas na família, no clã, na aldeia, como realidades integradas à vida cotidiana. Todos participam dela porque ela brota de suas próprias vidas. Cada um encontra nelas expressões de sua própria vida" (GEBARA, 2003, p. 97).

Nesse sentido, será fundamental recuperar o princípio feminino, pois pode ajudar a reconfigurar o masculino e seus mandatos, por isso a contribuição de Vandana Shiva complementa o sentir das mulheres indígenas diante de relacionamentos rompidos, pois, segundo Shiva, "o drama da violência e da fragmentação não pode ser sustentado e a recuperação do princípio feminino, portanto, torna-se essencial para libertar não só as mulheres e a natureza, mas também as categorias reducionistas patriarcais que dão origem ao mau desenvolvimento"

(SHIVA, 1998, p. 5). E, claro, libertar corpos masculinos considerados como conquistadores, predadores, violentos e opressores, aspecto que corresponde à perspectiva comunitária, pois não se trata apenas de gerar inimizade, mas de gerar equilíbrio e harmonia, como coloca Shiva:

> A recuperação do princípio feminino é uma resposta às múltiplas dominações e privações não apenas das mulheres, mas também da natureza e das culturas não ocidentais. Defende a recuperação ecológica e a libertação da natureza, a libertação das mulheres e a libertação dos homens, que, ao dominar a natureza e as mulheres, tem sacrificado sua própria humanidade (SHIVA, 1998, p. 8).

De todas as palavras compartilhadas, permanecemos no processo de conexão com as forças vitais femininas, que sem dúvida em nossos contextos tem a ver com cura e vínculo com a ancestralidade feminina que foi negada e rejeitada, mas busca sair da clandestinidade e demonização, para ser nomeada a partir das várias espiritualidades dos povos desta terra em plena maturidade:

> Eu sou Sedna, a Deusa do mar, a criadora dos Inuit do Ártico e entre os Navajos eu sou a Mulher Mutável, Deusa aranha da criação, mãe do Céu e da Terra. Eu sou a bisavó Wakan dos Sioux, a Mulher Bisão Branco dos Lakotas e a Mulher Peyote dos Huicholes.
> Eu sou Ixchel, a Deusa da Lua dos Maias e Tonacayohua, a Deusa do Céu dos Totonacs. Os mexicanos me chamavam de Senhora da Saia de Jade e Senhora da Saia da Serpente porque produzia vida, morte cíclica e regeneração.

Na América Central, fui celebrada sob o nome de Flor Emplumada, a Estrela que enfumaça na floresta, padroeira do amor, da sexualidade, dos códices e das artes.

Na Colômbia sou Bauche, a Deusa Serpente criativa na lagoa do Iguapé e nas selvas sou Nunguí, a Deusa fértil que dança nos campos de mandioca plantados por mulheres jíbaro.

Os incas me chamavam de Pachamama e me reconheciam em minhas filhas: Saramama, Cocamama, Axomama, Coyamama e Sañumama.

Sou a Mulher Jaguar dos Andes e a Onça Negra da Amazônia. Nas costas do Brasil e do Uruguai me chamam de Iemanjá, a Deusa da Lua que emerge do mar. E para os Tobas do Chaco paraguaio e argentino sou Aquehua, a deusa do sol que desceu à terra para gerar os primeiros seres humanos e voltou ao céu para nutrir a vida.

Sou a Sereia do Paraná e a Donzela da Erva Mate. Entre os pampas sou a Chorona, a Má Luz dos ossos e a Velha vestida de Noiva. Também fui a Telesita e a Defunta Correa.

Entre os araucanos sou o Espírito dos Pehuén, a Deusa Mãe dos Mapuches. Eu danço, canto, profetizo e curo com as machis, as únicas sacerdotisas ativas naquelas terras. E com máscaras sagradas eu dançava com as Onas e Yaganes do sul da Terra do Fogo.

Eu sou muitas e eu sou uma. Eu sou a Pachamama

(Analía Bernardo)[24].

---

24. Publicado na Agenda da Mulher 2001, Adeuem, Argentina, Milenia Web e Rede RIMA.

Referências

CABNAL, L. Acercamiento a la construcción de la propuesta de pensamiento epistémico de las mujeres indígenas feministas comunitarias de Abya Yala. *In*: CABNAL, L. *Feminista siempre. Feminismos diversos: el feminismo comunitario*. Madri: ACSUR/Las Segovias, 2010, p. 10-25. Disponível em: https://porunavidavivible.files.wordpress.com/2012/09/feminismos-comunitario-lorena-cabnal.pdf – Acesso em: 10 out. 2019.

CABNAL, L. *Documentos en construcción para aportar a las reflexiones continentales desde el feminismo comunitario al paradigma ancestral originario del "Sumak Kawasay", Buen Vivir*. Asociación de mujeres indígenas de Santa María Jalapa AMISMAXAJ [s.d.]. Disponível em: https://amismaxaj.files.wordpress.com/2012/09/buen-vivir-desde-el-feminismo-comunitario.pdf – Acesso em: 10 out. 2019.

CORDERO, V. (2003). Introducción. *Conspirando* 45, p. 3-7.

COSTIAY. *Palabra Viva del Primer Encuentro*. Usultán-Berlín, El Salvador, 29-30 nov. 2009.

GALEANO, E. *Úselo y tírelo*. Buenos Aires: Planeta, 1998.

GARGALLO, F. *Feminismos desde Abya Yala. Ideas y proposiciones de las mujeres de 607 pueblos en nuestra América*. Cidade de México: Corte y Confección, 2014. Disponível em: https://francescagargallo.files.wordpress.com/2014/01/francesca-gargallo-feminismos-desde-abya-yala-ene20141.pdf

GEBARA, I. La religión y la mujer: papel de la religión en relación a la mujer y de la mujer en relación con la religión. *Alternativas. Revista de Análisis y Reflexión Teológica*, vol. 10, n. 25, p. 91-118, 2003.

HUANACUNI, F. El Buen Vivir, tradición indígena. *Agenda Latinoamericana*, p. 24-25, 2012. Disponível em: http://servicioskoinonia.org/agenda/archivo/obra.php?ncodigo=747 – Acesso em: 20 set. 2019.

MAMAMI, V. *Identidad y espiritualidad de la mujer aymara*. La Paz: MdB, Fundación SHI-Holanda, 2000.

MARCOES, S. *Mujeres, indígenas, rebeldes, zapatistas*. México: Eón, 2013.

PAREDES, J. *Hilando fino: desde el feminismo comunitario*. La Paz: Mujeres Creando, 2008. Disponível em: http://mujeresdelmundobabel.org/files/2013/11/Julieta-Paredes-Hilando-Fino-desde-el-Fem-Comunitario.pdf – Acesso em: 10 out. 2015.

SHIVA, V. Las mujeres en la naturaleza: la naturaleza como el principio femenino. *Ecología y Feminismo*, Granada, Ecorama, 1998. Disponível em: https://www.slideshare.net/lgoren/vandana-shiva-la-naturaleza-como-el-principio-femenino – Acesso em: 20 set. 2019.

IV

Espiritualidade, ecofeminismo e decolonialidade a partir de algumas poetisas e cantoras afro-colombianas e caribenhas

*Maricel Mena López**

Introdução

O propósito deste texto, mais que apresentar uma antologia poética ou uma cronologia do surgimento da poética feminina, visa, sobretudo, resgatar tradições orais e escritas, cantaroladas, musical ou poeticamente, como evidências de uma espiritualidade política de resistência[25] como gritos de dor da saudade da terra

---

* Doutora em Ciências da Religião, área bíblica, pela Universidade Metodista de São Paulo, mestra em Teologia pela mesma universidade. Pós-doutorado pela Escola Superior de Teologia de São Leopoldo. Licenciada em Educação Religiosa pela Pontifícia Universidade Javeriana. Docente da Faculdade de Teologia da Universidade Santo Tomás. *E-mail*: maricelmena@usantotomas.edu.co. Este capítulo se enquadra no projeto de investigação *"Una eclesiología para la superación de los fundamentalismos"* do grupo de investigação Gustavo Gutiérrez: Teologia Latino-Americana. Tradução para o português por Aline Apare Frutuoso Gonçalves. *E-mail*: alinefruttpro@gmail.com

25. A resistência a que nos referimos deve ser entendida a partir de duas perspectivas: primeiro como busca de liberdade enfrentando a escravidão e, segundo, como persistência do legado filosófico ancestral de África em nosso continente, expressa em saberes e conhecimentos (cf. CAICEDO, 2012, p. 33).

perdida e de resistência ao colonialismo que emana das plantações de algodão, de cana de açúcar, das minas etc. que tiveram como cenário as celebrações religiosas como esperança de redenção. Isso posto, tomo como eixos transversais a espiritualidade, o ecofeminismo e a decolonialidade, três categorias extraídas dos estudos teológicos críticos feministas como apostas políticas de resistência.

Conscientes de que esses postulados teóricos são modernos, partimos do pressuposto de que nos cantos: *alabaos* (canções de ninar*)*, *arrullos* (louvações) e *chigualos-gualíes*[26], entoados, principalmente, por mulheres da diáspora afro-colombiana, já existem essas apostas epistêmicas, embora não com essas nomenclaturas acadêmicas. E as integro a partir da análise de algumas produções literárias de Mary Grueso e María Teresa Ramírez, ainda que fazendo referência a outras criações literárias orais e escritas de cantoras e compositoras latino-americanas e caribenhas.

Entendo a espiritualidade como uma força interna, uma maneira de ser e de sentir que se manifesta na vida em comunidade em conexão com o cosmos. Contudo, não é uma categoria abstrata, sujeita à vida religiosa; é, sobretudo, uma vivência que envolve os sentidos, sensações, emoções e sentimentos ligados ao contexto histórico passado, presente e futuro. Portanto, é uma espiritualidade em comunhão com os ancestrais cuidadores

---

26. O *arrullo* é uma mescla de costumes, cantos e festas do Pacífico colombiano; os *alabaos* são cantos de louvor aos santos, acompanhados de percussão; o *chigualo*, também conhecido como *gualí*, é um ritmo acompanhado de dança entoado nos velórios das crianças (cf. CAÍZAMO, 2015).

da vida e perpetuados na natureza (MURIGI; TOVAR; MUNYIRI, 2009).

Do ponto de vista religioso, é uma vivência de fé individual e coletiva, desde que envolva nosso corpo em relação a outros corpos, incluindo a natureza. Assim compreendida, a espiritualidade seria uma vivência da fé na história, entendendo esta última como um cenário sempre aberto à atuação do Deus-Espírito a partir de atos de criatividade, desconstrução, superação e questionamento do estabelecido, em que o corpo, no pleno sentido da palavra, é o epicentro do processo.

Desde a diáspora africana, a espiritualidade é uma aposta política de resistência ao domínio hegemônico ocidental, não somente desde o transcendente, mas que abarca outros aspectos da vida em comunidade, como a política, a economia e a sociedade.

A preocupação com a vida das mulheres e a ecologia é o que chamamos de ecofeminismo, trata-se de uma corrente filosófica que emerge na década de 1970 a partir do feminismo radical do Ocidente. Não obstante, embora seja uma categoria relativamente nova, ela nos remete a uma sabedoria ancestral que nossos povos indo-afro-americanos têm invocado desde tempos antigos. Enquanto para o Ocidente seria a tomada de consciência de que o ser humano não é dono do universo, mas que é uma minúscula parte no emaranhado da vida planetária, para os negros e negras da diáspora significa a consciência de que o Divino se revela em comunhão com o sol, a terra, as águas, os ventos, os animais, enfim, com todos os elementos que compõem a natureza e os seres que a habitam. Portanto, sagrada é a criação e suas criaturas, sagrada é a inter-revelação que a compõe. O ecofeminismo é, nas palavras de Ress:

> Reconstruir o corpo da terra, o corpo humano e nossa relação com todos os corpos viventes. Essa é a tarefa do ecofeminismo. E o sonho do ecofeminismo? Ansiar pelo reconhecimento fundamental de que somos um só Corpo Sagrado com todas as nuanças e diversidades (RESS, 2010).

O feminismo decolonial, por sua vez, se pode definir como uma tentativa de articulação de várias tradições críticas e alternativas à Modernidade ocidental e, sobretudo, do pensamento feminista latino-americano. Nesse sentido, é herdeiro do feminismo negro, de cor e terceiro-mundista elaborado nos Estados Unidos, o qual coloca sua ênfase na articulação ou interseccionalidade das variáveis: classe, raça, gênero e sexualidade. Ao mesmo tempo que se pergunta se há uma verdadeira descolonização nas teorias feministas latino-americanas.

O pensamento decolonial é uma postura epistemológica das ciências sociais, a partir de uma perspectiva do pensamento crítico latino-americano, que tenta analisar a maneira que o mundo se desempenha na atualidade; isto é, a política global e as relações sociais a partir de modelos e teorias do conhecimento que servem para interpretar as diferentes temporalidades e localidades do poder e do saber na América Latina. Faz uma crítica à racionalidade ocidental, levando em conta a alteridade partindo do método analítico (BEUCHOT, 2014); isto é, pensar a partir da diferença, da crítica dos sujeitos que estão fora do sistema: negros, indígenas, *roms,* LGBTQIAP+ etc., os quais historicamente têm sido ignorados, discriminados e invisibilizados.

O feminismo decolonial, por sua vez, possibilita que as narrativas testemunhais afro-americanas sejam "recontadas" a partir de outros contextos, valoriza e reconhece isto como um processo de reconstrução de conhecimento, questionando assim o eurocentrismo institucionalizado. O testemunho de como o gênero reivindica o direito de colocar em cena os aspectos não contados e excluídos da historiografia oficial. Sob inspiração de Monika Walter, é necessário redescobrir o ato de escrever que suponha um consenso e uma participação coletiva, o método narrativo do romance testemunhal, ou melhor dizendo, a rebelião estética do texto, um retorno à literalidade, que é justamente a recriação da oralidade.

Os testemunhos e depoimentos das mulheres codificados nos poemas selecionados são em si uma obra de arte cuja matéria-prima é a palavra dita e escrita, em que se convida leitoras e leitores a apreciá-los a partir da visão, da audição, do tato, do olfato e do paladar. Enfim, serão os sentidos que nos permitirão degustar o sabor dessa poética, escrita a partir do coração dos nossos próprios significados de mulheres. E serão nossos corpos os que sentirão os ritmos harmoniosos e cadentes desses corpos negros emancipados, aguerridos em busca de um futuro negro e bonito para a diáspora africana em nosso continente.

Para o desenvolvimento de meu pensamento, resgato duas chaves epistemológicas do saber negro inerente a essas e outras poetas, a saber: o pensamento ancestral e "a mestiçagem cultural triétnica", apelando para uma espiritualidade feminista alegre, festiva e transgressora, capaz de resistir ao racismo implícito na racionalidade dominante, resgatando o corpo como plenitude de vida, de transcendência, de experiências de vida que desafiam o saber empírico racionalista dominante e, por conseguinte, a episteme filosófica unívoca e equívoca ocidental.

1 O pensamento ancestral

A escritora, poeta, narradora oral e catedrática oriunda de Guapi-Cauca, Mary Grueso Romero (1947), é considerada como uma das vozes mais representativas do Pacífico colombiano. Em seus poemas sobressaem seu legado africano e sua linguagem emancipadora. Portanto, sua obra em si é uma crítica ao colonialismo, mas com uma opção preferencial pela mulher negra, isto a partir de sua clara consciência de identidade e de sua aposta epistêmica de resgate de outros saberes, pelo que a crítica à monocultura ocidental está presente em sua obra. Em suas próprias palavras: "Eu a universalizei, da minha região para o mundo"[27]. Sua poesia tem se valido de mitos, cantos e jogos fonéticos e linguísticos próprios do modo de falar dos negros da diáspora (JARAMILLO, 2005).

Os três elementos fundamentais que atravessam seus poemas são suas gentes, a terra e o mar, em que se evidencia uma espiritualidade que emana do coração de suas vivências. Grueso é uma demonstração clara de

---

27. Entrevista com Mary Grueso, "Y negra me hizo Dios".

como a partir das margens é possível transcender e chegar a contribuir para a literatura universal.

> Por que me chamam morena?
> Se moreno não é cor,
> eu tenho uma raça que é negra
> e negra Deus me fez...
> Eu tenho minha raça pura
> e dela orgulhosa estou,
> de meus ancestrais africanos
> e do soar do tambor (GRUESO, 2010, p. 156-157).

A sabedoria africana, entendida como memória, se expressa por meio de experiências concretas de grupos e indivíduos. O conhecimento é construído em comunidade e em comunhão com o universo. As mulheres que possuem memória têm poder. É um poder ancestral compartilhado cujo valor transcende tempo e espaço. A poética negra feminina é uma das expressões desse saber, de um saber no qual não há contradições, é um tipo de saber diferente do racional, mas não deve se opor à razão, pois possuem um saber tão "autêntico" quanto o saber "científico racional"[28].

O poema inicia com uma crítica ao racismo implícito na categorização das raças que historicamente tem se caracterizado por incontáveis negações, discriminações, atropelos, invisibilizações, violações. A caracterização da étnica como "morena" não é mais do que uma tentativa de invisibilização da identidade cultural desse

---

28. Lydia Cabrera, por meio da ficção, recorre muito bem ao pensamento e às problemáticas da mulher negra no contexto cubano (cf. CABRERA, 2003, p. 59-68).

grupo. Grueso, consciente de sua negritude, assume o conceito cultural e político de "negra" como uma reação contra o racismo predominante no censo populacional, que em certo sentido responde ao modelo de estratificação social de nosso país, onde, sem dúvida, as mulheres negras são o elo social mais baixo, assim:

> O racismo é uma ideologia baseada na superioridade de uma etnia sobre outra(s), a qual toma forma na institucionalização e na criação de um imaginário coletivo, fazendo com que um grupo dominante marginalize e exclua o outro, forjando crenças e pensamentos de que esse fenômeno é algo natural e deve ser perpetuado através das práticas de socialização e culturalização de uma sociedade ou civilização; ou seja, que socialmente se legitima através da moral, da ética e até mesmo da normatividade legislativa (SÁNCHEZ, 2014, p. 30).

A desigualdade racial passa por dentro, por fora, pelo centro, por cima e por baixo de toda nossa complexa realidade. Nossa realidade social está marcada por um racismo estrutural que parece invisível. Ainda que constantemente se afirme que não há racismo, que há integração racial, o racismo está presente em nossa realidade, enquanto negação do negro, e faz parte da construção permanente da sociedade.

> No conjunto (nomeado sem intenção de generalizar nem homogeneizar) que poderíamos constituir as mulheres, também encontramos condições de subvalorização; é assim que as mulheres pertencentes às denominadas minorias étnicas e sociais (negras/afrodescendentes, indígenas e camponesas)

> se situam na parte inferior da pirâmide social, na medida em que saem do modelo hegemônico de sujeito social, e portanto lhes são atribuídas características que beiram o indesejado, o marginal, até chegar ao demoníaco (CASTILLO; GÓMEZ, 2012).

Além da crítica ao sistema racista predominante, Grueso assume em voz alta a raça negra como criada por Deus e, dessa forma, faz uma crítica ao branqueamento predominante nas instituições religiosas de cunho ocidental. Assim, sua crítica vai contra o dualismo binário próprio do mundo greco-romano no qual o branco é sinônimo de estética e pureza em detrimento do negro visto sempre como imperfeição e pecado.

Nossa poeta evoca, também, a memória dos ancestrais africanos e a partir daí nos traz dois elementos fundamentais para entender a espiritualidade que se tece na diáspora, a identidade racial unida à sonoridade dos ritmos ancestrais dos tambores (cf. MORALES, 1981), que,

> [...] para além da produção sonora e rítmica que pode ser descrita em batidas curtas e longas, nele se transmite uma memória do passado anterior à empresa colonial e posterior a ela, a escala axiológica da comunidade e as atuais dinâmicas de aproximação e interação com o mundo letrado, com as diferentes construções de identidade, nação e cidadania. O tambor não é apenas um instrumento produtor de som como faz parte da tradição oral definida como a memória da memória, da ética do viver e do morrer (FRIEDEMANN, 1997, p. 21), convoca aos principais rituais de iniciação e fúnebres, comunica

uma ordem de mundo que na tradição africana se encontra sexualizada (MUÑOZ, 2018).

Assim, o tambor, como legado identitário da diáspora africana, coleta ecos milenares entre as dobras do vento e as curvas voláteis do tempo. O tambor e seu intérprete são uma simbiose de tronco e nervo, de fluidez de movimentos e dureza de material resistente, de ritmo e contrarritmo, de golpes e contragolpes, que conjugam os anseios vivos do sangue com o rumor implícito das vozes ancestrais.

> Os instrumentos típicos da região são a marimba, o tambor, o cununo, o guasá cujos sons fazem vibrar de emoção o eu poético já que com eles acompanham atividades sagradas ou profanas, danças e velórios, canções de amor ou cantos de dor; com esses ritmos e sons se conectam com os ancestrais africanos (JARAMILLO, 2006).

A dança é altamente espiritual na visão de mundo afro (LÓPEZ, 2009). A dança nos coloca em sintonia com o ritmo original do universo. Na América Latina e no Caribe, encontramos a dança em celebrações como ritos fúnebres – o *banko*, na República Dominicana (HERNÁNDEZ, 2009), as cerimônias de *palo monte* (CUNHA, 2013) em Cuba, os ritos fúnebres do vodu em Cuba e no Haiti, o candomblé no Brasil (BORAU, 2014), o *lumbalú* em Palenque de San Basilio, Colômbia[29] –, rituais de guerra, festas, ritos de iniciação de jovens, ritos

---

29. O *lumbalú*, dança e canto funeral para abrir o caminho do defunto à morada de seus ancestrais. A morte constituía a única possibilidade física e concreta de ligar o presente trágico dos exilados com as raízes mais profundas de sua africanidade (OLIVELLA, 1986, p. 105).

matrimoniais, festa da colheita... Dançar é um ato divino e também uma forma de resistência aos sofrimentos. Não se dança sozinho, a dança é comunitária e ajuda na integração do grupo. Há um sentido de socialização e interconexão com os ancestrais no ato de dançar. Há um desejo de dar a cada gesto um significado. No poema "Naufrágio de tambores", podemos ver como a memória e o ritmo nos remetem ao continente africano:

> Em meu sangue de mulher negra
> há tambores que soluçam
> com rumores de litorais,
> naufrágio de marimba
> nos estuários de mangue.
> Ouço soar o guasá
> com sons provocativos,
> sinto um clamor no corpo
> que percorre minha alma
> quando me chamam de dentro,
> das profundas entranhas,
> os gritos de meus ancestrais
> formando tempestades
> em meu coração e em meu sangue.
> Então se acendem fogueiras
> em minha ânfora pagã
> e me movo como palmeira
> quando o vento a reivindica.
> São tambores navegantes
> dos estuários de África
> que navegam nas margens escuras de minha carne.
> (*El mar y tú*, 72.)

Ao proclamar sua identidade de mulher negra, Grueso denuncia a homogeneidade dos corpos biodiferenciados pelo sistema patriarcal e colonial. Essa autoconsciência não apenas empodera as novas gerações como nos lança o desafio do reconhecimento também dos corpos sexualmente diferenciados dentro da categoria de mulher negra.

Os ritmos, movimentos e emoções são transmitidos ao ouvinte por meio das imagens que a autora utiliza: soluços, rumores, sons, clamores, gritos, entranhas, ventos, palmeiras, ao passo que a memória viva do desenraizamento da terra-mãe se estende aos corpos que dançam e resistem.

Nas festas dos padroeiros, vemos nos *alabaos*, *arrullos* e *chigualos* memórias dessa resistência. Os *alabaos* são cantos tradicionais feitos em velórios e novenas quando morre uma pessoa adulta. O sepultamento é feito no último dia da novena para despedir o corpo e para que este vá em paz para o céu (GUTIÉRREZ, 2012). Nossa autora também escreve poemas dedicados a esses ritos fúnebres:

> Quando um negro morre
> temos que cantá-lo
> e se morre
> uma criança
> vamos *chigualiá-la*,
> porque cantando contamos
> o que carregamos no coração:
> um lamento de tristezas
> ou uma folia de paixão.
> E os tambores soam tristes
> quando um negro morre
> e o velamos cantando
> e assim contamos a dor.
> (*El mar y tú*, 79.)

A proclamação é feita para convocar a comunidade ao velório mediante um toque especial do tambor. Uma vez reunida a comunidade, inicia-se o canto-pranto responsivo, em que alternam o solista com a primeira voz e o coro. As palmas das mãos e as batidas do tambor, executadas com ritmos e alturas específicas, acompanham o ritual. Este se caracteriza por apresentar a conjunção de elementos recitativos, cantos e batidas rítmicas dos impulsores de significado especial. Durante o *lumbalú*

> as mulheres dançam com pequenos passos ao redor do cadáver, executando movimentos de ventre e invocações com os braços; algumas levam as mãos à cabeça enquanto atuam e cantam (LIPSKI, 1997).

Tristeza e folia acompanham esses rituais, pois para os negros e negras da diáspora a morte é a continuidade da vida em comunhão com os ancestrais. Os gritos, queixas e até desmaios das carpideiras que se dedicam a chorar nos velórios, para além de uma atividade supostamente paga, é um ato político, enquanto os velórios são um pretexto para o encontro e o fortalecimento dos laços de parentesco nas comunidades afro-colombianas (JIMÉNEZ, 2017, p. 17).

Na dança e nos movimentos corporais, as mulheres expressam o que sentem. O que estão celebrando? A vida em si: suas próprias vidas, as vidas das mulheres, daqueles e daquelas que estão sofrendo.

> Levantem a sepultura,
> levantem-na já,
> que a alma se ausenta
> pra nunca jamais.
> Adorar o corpo,
> adorar a cruz,

adorar o corpo
do meu bom Jesus,
do meu bom Jesus.
(*Alabao*, canto tradicional afro-colombiano de louvor e exaltação religiosa.)

Os velórios das crianças são chamados na costa do Pacífico de *gualíes* ou *chigualos*, e se distinguem dos velórios dos adultos por não serem caracterizados pelo luto, mas por um ambiente de alegre solidariedade acompanhada pela crença de que a criança morta é um "anjinho" que escapou do sofrimento do mundo e alcançou a glória de Deus.

Pode-se dizer que na Colômbia, assim como em outros países da América, nossa espiritualidade se expressa em figuras e imagens, em ritmos de poesia e música ou em aromas e cores transformadas criativamente. São memórias das experiências religiosas da colônia, das reuniões de bruxaria, espaços de reconstrução étnica, memórias fúnebres do conselho de *lumbalú*, em Palenque de San Basilio, das danças de congos no carnaval de Barranquilla, ou das danças de afrodescendentes em Mompox, dramatizações de treinamento guerreiro em Palenque. Memórias que, a meu ver, nos desafiam a resgatar a dimensão holística da vida.

2 A miscigenação cultural triétnica

Dando continuidade às contribuições de Grueso, a afro-colombiana María Teresa Ramírez (1944)[30] explora

---

30. Oriunda de Corinto, Cauca, é considerada a primeira mulher que entende a poesia a partir da tradição oral do Pacífico.

a dimensão holística e integral das visões de mundo dos ancestrais da diáspora latino-americana e caribenha.

> Toca esse tambor filho meu,
> voem sobre ele suas mãos mestiças,
> flua teu sangue africano,
> flua teu sangue índio.
> Toca esse tambor filho meu,
> fecha os olhos e voa,
> nas notas trêmulas
> ritmo de dança africana,
> cante sua boca bembita,
> trompete e carinhoso.
> (RAMIREZ, 2010, p. 128.)

A cultura afro-ancestral do Pacífico é uma cultura transcendental, com uma estrutura lógica/determinada, na qual cada costume é consequência de uma transformação social e, por sua vez, é a integração de valores de diferentes culturas que tiveram ou têm contato com ela. Por isso pode-se dizer que é uma cultura em crescimento, que sempre conservará de maneira atemporal a essência que a torna uma cultura única e particular diante do resto do mundo.

A herança reflexiva dessa poetisa nos ajuda a entender que o mundo humano nunca se encerra nos limites da etnia, pois, embora nasçamos em um lugar, sempre podemos viver em outro. Nesse sentido, a cultura é um dos atributos que compõem a identidade, mas não é a identidade em si, por isso esses atributos podem mudar sem levar à perda de identidade.

> Da África venho,
> neta de *muntu*,
> da África sou: flor no exílio,
> pequena primavera do jardim Marrakech...
> (RAMIREZ, 2010, p. 135).

A mestiçagem cultural triétnica da autora é notável, bem como sua dimensão de raça cósmica ao integrar as três raças: africana, indígena e europeia, que dão origem à mestiçagem latino-americana, com ênfase na tradição dos orixás das etnias Bantu[31] e Yorubá[32], que foram trazidas para o nosso continente.

Na cosmovisão afro-americana há uma grande força vital, os orixás são os ancestrais que se manifestam nas pessoas e na natureza. O ancestral é uma forma na qual o elemento sagrado se perpetua na vida das pessoas, o sagrado nasce da vida das comunidades e se faz presente através da natureza, das pessoas, das coisas, da comunidade, da família (LÓPEZ, 2014, p. 90).

A noção de família (*muntu*)[33] para os bantos não está circunscrita ao núcleo constituído pelos pais e filhos, mas se estende aos falecidos, considerados como seres vivos e atuantes (ARAGÓN, 2017). Vida e morte se integram numa aliança indissolúvel. Além disso, a irmandade inclui as árvores, plantas, ferramentas e coisas que servem ao humano, particularmente a terra onde se nasce, semeia e enterra. A vida e a morte são de origem divina, por isso se condena qualquer violência contra a vida humana.

---

31. Bantu faz referência a uma família linguística formada por mais de 450 línguas que têm uma origem comum.

32. É o mais extenso, importante e duradouro dos impérios situados na floresta do Níger. O termo iorubá tem conotação linguística e étnica no qual se agrupam todos os povos da área subsaariana do leste ao oeste africano.

33. *Muntu* é o singular de *bantu*, o conceito implícito nessa palavra transcende a conotação de ser humano, já que inclui vivos e falecidos, assim como os animais, vegetais, minerais e coisas que lhe servem.

Nesse poema se evidencia como o elemento ancestral é fundamental para a compreensão das cosmovisões de mundo dos diversos grupos étnicos trazidos para a América e o Caribe. O ancestral faz referência aos fundamentos primordiais de um grupo, aos elementos que sustentam sua identidade.

> De uma identidade que hoje chora o desmatamento e reivindica os princípios universais, também chamados de elementares: terra, água, justiça, vida, fertilidade, amor, paz, riqueza etc. O ancestral também se entende como a manifestação desses elementos nas pessoas e na natureza, bem como nas coisas construídas por estas, como por exemplo as cidades. Isto significa que os ancestrais se relacionam com os princípios básicos de sobrevivência, mas que não se esgotam neles, ao contrário, se fazem sentir em cada pessoa, em cada menino, menina, em cada mulher, em cada idoso, idosa, no governo com justiça e assim sucessivamente (LÓPEZ, 2012).

E são as mulheres que desempenham um papel importante na transmissão, preservação e resistência da herança cultural de origem africana. A obra de Excilia Saldaña, escrita em forma de diálogo lírico entre a avó e seu neto, resgata muito bem o papel das mulheres mais velhas nessa preservação e transmissão da palavra[34]. Nesses povos, em que predomina a expressão oral, os cantos são muito importantes. Os mitos e a visão de mundo e da história estão codificados nos cantos, poemas e ritos.

---

34. Excilia Saldaña (1946-1999) é uma poetisa cubana especializada em literatura infantil (cf. *La noche*, Editorial Gente Nueva, 1989, 218p.).

Apesar das tentativas de subtrair a identidade afro, é importante reconhecer que nesses poemas há uma clara reivindicação de uma identidade étnico-cultural, mas ela não é estática e nem rígida, como tem-se definido, essa cultura ancestral soube buscar e segue buscando utopias e caminhos inéditos para manter suas tradições, ressignificando-as em contextos históricos, econômicos e culturais adversos.

Conclusão

A poesia é um dos baluartes fundamentais para entender uma espiritualidade que se tece do cotidiano da vida dessas mulheres que vivem e constroem história. Uma história que se amplia e se aprofunda nas ruas, praças, parques, nesses lugares onde hoje em dia também podemos encontrar resistências e anseios de vida digna para as excluídas e os excluídos da sociedade.

> África grita, não para inventariar um passado vergonhoso
> nem para lembrar-se de humilhante racismo.
> África grita, para nos impulsionar a seguir em frente
> para que nossa identidade não vá para o abismo.
> África grita no sangue que corre por suas veias
> e faz do coração, lugar de confluência.
> (Lucrecia Panchano, Guapí, Cauca.)

O grito que emana do coração dessas poetas da diáspora africana nos impele não somente a reafirmar nossa identidade, mas também nossa espiritualidade política de resistência. Assim, ao falar de espiritualidade, não nos referimos a uma denominação eclesial especial, pois somos conscientes de que nossas espiritualidades hoje transitam entre diversos universos ancestrais – candomblé, *santeria*, vodu, *lumbalú*, católicos, protestantes, pentecostais, ao lado dos ameríndios, muçulmanos, judeus e outros. Em meio a essa pluralidade religiosa, essas poetisas reconstroem a realidade, criando novas possibilidades de pensar a vida e de resistência à monocultura.

A interculturalidade e a inter-religiosidade exploradas por nossas poetisas lançam desafios importantes ao quefazer teológico latino-americano, pois, no fim das contas, o mistério do Espírito nos revela a diversidade insondável na pluralidade das culturas e religiões, e é com essa diversidade que se faz possível uma transformação na maneira como nos relacionamos entre humanos e com a natureza.

Finalmente, a espiritualidade da diáspora negra que evocamos é uma maneira de ser e de viver, é um fórum interno, chamado espírito ou Axé, força vital, potência geradora de vida, que nos convida a ter uma postura ética diante da vida e dos ecossistemas.

Referências

ARAGÓN, W.M. (ed.). *Manuel Zapara Olivella: un legado intercultural. Perspectiva intelectual, literaria y política de un afrocolombiano cosmopolita*. Bogotá: Los de Abajo, 2017.

BEUCHOT, M. *Hermenéutica, analogía y ciencias humanas*. México: UACM, 2014.

BORAU, J.L.V. *La santería, el palo monte, el candomblé y el vudú*. Saint Catherine: Comunidad Ecuménica Horeb, 2014.

CABRERA, L. La laguna sagrada de San Joaquín. *In*: CÁMARA, M. (org.). *La memoria hechizada: escritoras cubanas*. Barcelona: Icaria editorial/Compañía de las Letras, 2003, p. 59-68.

CAICEDO, M.L.M. *La diáspora africana: un legado de resistencia y emancipación*. Cali: Universidad del Valle, 2012.

CÁIZAMO, N.V. *Alabaos y chigualos-gualíes del Chocó traídos al escenario recitalístico del cantante lírico*. Dissertação (Mestrado em Música) – Universedad Eafit, Medelín, 2015. Disponível em: https://repository.eafit.edu.co/bitstream/handle/10784/8048/Nelly_ValenciaCaizamo_2015.pdf?sequence=2&isAllowed=y – Acesso em: 19 fev. 2020.

CASTILLO, A.C.C.; GÓMEZ, E.Y. Ser mujer negra en Sardi: construcción de identidad feminina. *Prospectiva*, n. 17, p. 201-228, 2012.

CUNHA, A.S.A. Muerte, muertos y "llanto" palero. *Ateliers d'anthropologie*, n. 38, 2013. Disponível em: http://ateliers.revues.org/9413. DOI: 10.4000/ateliers.9413 – Acesso em: 4 set. 2016.

Entrevista com Mary Grueso "Y negra me hizo Dios". Disponível em: http://www.fundacionafrocaribe.org/entrevista-mary-grueso-negra-me-dios – Acesso em: 24 fev. 2020.

GRUESO, M. Negra soy. *In*: CUESTA, G.; OCAMPO, A. (orgs.). *Antología de mujeres poetas afrocolombianas*. Bogotá: Ministerio de Cultura de la República de Colombia, 2010, p. 156-157.

GUTIÉRREZ, H.S. Algunos aspectos sobre la religiosidad de los afrocolombianos. *Los Cibernautas Descalzos*, jan. 2012. Disponível em: http://cibernautasdescalzos.blogspot.

com/2012/01/la-muerte-sin-rituales-de-duelo.html – Acesso em: 19 fev. 2020.

HERNÁNDEZ, C. El banko, gran fiesta ritual de vivos y difuntos en la Sabana del Espíritu Santo, República Dominicana. *Fiestas y rituales, Memorias X encuentro*. Lima, Unesco, 2009, p. 142-157.

JARAMILLO, M.M. Los alabaos, los arrullos y los chigualos como oficios de difunto y ritos de cohesión social en el Litoral Pacífico colombiano. *INTI: Revista de Literatura Hispánica*, n. 63-64, p. 277-298, 2006.

JARAMILLO, M.M. *Mary Grueso Romero: poesía, memoria e identidade*. Fitchburg State College, 2005. Disponível em: https://colombianistas.org/wp-content/themes/pleasant/biblioteca%20colombianista/03%20ponencias/14/jaramillo_ponencia.pdf – Acesso em: 24 fev. 2020.

JIMÉNEZ, M.J.S. *Cancionero poético-musical de Urabá-Chocó de fray Severino de Santa Teresa (OCD) 1930-1939, juegos y alabados para velorio de angelito*. Dissertação (Mestrado em Musicologia) – Universidad Nacional, Bogotá, 2017.

LIPSKI, J.M. El lenguaje de los negros congos de Panamá y el lumbalú palenquero de Colombia: función sociolingüística de criptolectos afrohispánicos. *América Negra*, n. 14, p. 147-165, 1997.

LÓPEZ, M.M. Espiritualidad mariana y diáspora afrocolombiana. *Revista Albertus Magnus*, vol. 4, n. 2, p. 179-196, 2012.

LÓPEZ, M.M. Teología negra de liberación: apuntes a propósito de los 50 años del Concilio Vaticano II. *Revista Albertus Magnus*, vol. 5, n. 1, p. 90, 2014.

LÓPEZ, M.M. Una espiritualidad, alegre, festiva y transgresora desde la praxis afrocolombiana. *In*: LOPEZ, M.M.; AGUDELO, D. (ed.). *Espiritualidad, justicia y esperanza:*

desde las teologías latinoamericanas. Cali: Pontificia Universidad Javeriana, 2009.

MORALES, G.A. *Instrumentos de la música folklórica de Colombia*. Bogotá: Colcultura, 1981.

MUÑOZ, E.D. Antología de mujeres poetas afrocolombianas: una revisión de las políticas editoriales en torno a lo "afro". *Revista Digital de Historia y Arqueología desde el Caribe Colombiano*, ano 14, n. 34, 2018. Disponível em: http://www.scielo.org.co/pdf/memor/n34/1794-8886-memor-34-00197.pdf – Acesso em: 19 fev. 2020.

MURIGI, A.M.; TOVAR, J.V.; MUNYIRI, V.M. *El ser afro: vida devenida en espiritualidad como fundamento ethopolitico para emergencia de humanidades*. Dissertação (Mestrado em Educação) – Universidad de San Buenaventura, Cali, 2009.

OLIVELLA, M.Z. El sincretismo Afro-católico en las luchas liberadoras de América. *Cultura Negra y Teología*, San José, Departamento Ecuménico de Investigaciones, p. 105, 1986.

RAMIREZ, M.T. Tocá ese Tambor. *In*: CUESTA, G.; OCAMPO, A. (orgs.). *Antología de mujeres poetas afro-colombianas*. Bogotá: Ministerio de Cultura de la República de Colombia, 2010.

RESS, M.J. Espiritualidad ecofeminista en América Latina. *Investigaciones Feministas*, vol. 1, p. 111-124, 2010.

SÁNCHEZ, E.D. *Saberes y prácticas de las afrocolombias presentes en tres entornos educativos de la educación formal y educación para el trabajo y el desarrollo humano en Colombia, tesos doctoral*. Bogotá: USTA, 2014.

V

Os protagonismos de mulheres negras em suas organizações no Nordeste do Brasil[35]

*Lilian Conceição da Silva**

Introdução

Somos e vivemos uma sociedade marcadamente racista, classista e sexista. Tais heranças são nefastas à dignidade da vida humana de pessoas e grupos, mais particularmente de pessoas indígenas e pessoas negras, sendo as mulheres desses grupos sociais as que mais acumulam vulnerabilidades decorrentes dessas marcas.

Apesar dessa factível realidade, existem sujeitos que acumulam uma herança ancestral de resistência, capazes de agenciamentos tais que, em irmandade e sororidade com outros sujeitos pares, forjam, organizativamente, práticas educativo-culturais que anunciam alternativas

---

35. Este capítulo é uma versão modificada do texto: SILVA, L.C. Os protagonismos de mulheres negras em suas organizações no Nordeste do Brasil. *In*: MÉNDEZ MÉNDEZ, J.M. *Devolver la palabra: religiones, cosmovisiones y teologias afrolatinoamericanas y caribenhas: reflexiones contemporâneas*. Costa Rica: Escuela Ecuménica de Ciencias de la religión, 2021, p. 44-68.

* Doutora em Teologia pela faculdade EST, São Leopoldo-RS.

de Bem Viver[36] que ressignificam as relações sociais para si e para outras. Esses sujeitos, embora específicos e singulares, reúnem em si uma "subjetividade coletiva" (teoria aqui adotada das pesquisas do sociólogo José Maurício Domingues), "como uma forma mais plena de compreensão da complexa teia em que indivíduos e coletividades acham-se envolvidos" (DOMINGUES, 1998, p. 8).

A presente pesquisa, intitulada "Práticas educativo--culturais de organizações de mulheres negras no Nordeste do Brasil: protagonismos, identidades, raça, gênero e religião", assumiu como objetivo geral: "apresentar protagonismos das organizações nordestinas de mulheres negras e suas práticas educativo-culturais".

Para tanto, pôs-se a responder às seguintes questões: 1) Quais são as organizações nordestinas de mulheres negras em atividade na atualidade? 2) Quais são os contextos sociopolíticos nos quais essas organizações estão inseridas? 3) Quais têm sido suas práticas educativo-culturais? 4) Quem são as mulheres negras que compõem essas organizações? 5) Como se dão seus protagonismos? 6) Quais os pertencimentos religiosos dessas mulheres? 7) Qual o papel da religião em suas vidas? 8) Há interseccionalidade de identidade, raça, gênero e religião no "quefazer" dessas organizações? Se há, como se dá?

---

36. O termo Bem Viver será grafado sempre com iniciais maiúsculas, por se tratar de uma categoria de análise assim escrita por Alberto Acosta, teórico de quem tomo emprestado o conceito, embora desde já afirme que se trata de um conceito anterior ao referido autor, que tem inspiração nas vivências e saberes ancestrais dos povos andinos, que encontram eco nos saberes ancestrais de povos africanos e afro-brasileiros.

Como percurso metodológico, a presente pesquisa qualitativa assumiu os seguintes passos: 1) coleta de dados sobre as organizações nordestinas de mulheres negras, suas especificidades e suas práticas educativo-culturais; 2) apresentação dessas organizações e suas práticas educativo-culturais; 3) sistematização e análise das práticas educativo-culturais a partir da categoria analítica "religião"; 4) identificação dos modelos de protagonismos de mulheres negras nordestinas em ações coletivas de promoção de práticas educativo-culturais que têm nas religiões de matrizes africanas sua base de resistência e memória ancestral.

Para melhor compreensão do percurso da pesquisa e apropriação de seus resultados, sua composição tem início com a presente introdução, seguida do breviário conceitual, como uma espécie de fio condutor, no qual apresento, objetivamente, os conceitos que orientaram a pesquisa. Na sequência, enfatizo os sujeitos da pesquisa, as mulheres negras nordestinas e seus agenciamentos. Situo a trajetória de protagonismos negros por meio da linha do tempo do Movimento Negro, destacando a "resistência" como palavra de ordem de ontem e de hoje, enegrecendo[37] a identidade de resistência da mulher negra e seus protagonismos. E apresento o mapeamento construído a partir das contribuições das organizações das mulheres negras do Nordeste do Brasil, evidenciando

---

37. Adoto o termo "enegrecimento" como posicionamento político de quem intenciona anunciar que se a linguagem tem sido usada como forma de subjugação e negação (inúmeros termos carregam uma carga racista, tais como: denegrir, lista negra, ovelha negra etc.), igualmente pode ser utilizada como instrumento afirmativo de quem assume o ser negra e o ser negro como algo positivo.

suas práticas educativo-culturais como alternativas para o Bem Viver.

A pesquisa assume sua incompletude e se mostra como um aperitivo para quem deseja conhecer as imbricações e a interseccionalidade de *raça, gênero e religião*, apontando possibilidades de continuidade, que, quiçá, possa se reverberar numa maior aproximação para uma análise comparativa das práticas educativo-culturais de organizações do Nordeste brasileiro e as práticas educativo-culturais de organizações de mulheres negras de outros países da América Latina.

1 Mulheres negras nordestinas e seus agenciamentos

> *Ser mulher negra,* [...]
> *é também ter a alma aquecida pelo orgulho*
> *das lutas e resistências*
> *travadas no passado e no presente*
> *das quais emergimos cada vez mais fortes.*
> (SCHUMAHER; VITAL BRAZIL, 2007, p. 7, prefácio.)

A história da presença das mulheres negras no Nordeste do Brasil tem início com o tráfico humano, quando elas foram capturadas no continente africano, trazidas como mercadorias baratas nos navios negreiros e aqui vendidas para o trabalho escravo. A violência racial (racismo) e a violência de gênero, portanto, estão nas origens dessa história, intensificadas por assédio sexual, estupros e trabalhos pesados. Enegrecer esses fatos é condição *sine qua non* para reconhecer o potencial de protagonismo, de resistência e de superação das mulheres negras, que foram e são (somos) capazes, até hoje, de enfrentar as mais cruéis combinações de violências. Essa capacidade de resiliência, herança ancestral trazida pelas mulheres negras de suas origens africanas, forjou uma força para a resistência, gerando criativas formas de protagonismos.

No entanto, a cultura vigente e dominante, herdeira do colonialismo que macula o país, não economizou esforços para promover a invisibilidade histórica das mulheres negras na historiografia oficial (SCHUMAHER; VITAL BRAZIL, 2007, p. 111). Por decorrência, negar a religiosidade de matriz africana, portanto, é, antes de tudo, consequência do racismo. O que dá a certeza de que a visibilidade e o recontar a história desde a perspectiva africana e afro-brasileira das mulheres negras, na condição de sujeitos históricos, constitui-se como algo necessariamente pedagógico, aponta para além do seu simples reconhecimento, no caminho da reparação desse débito que a historiografia tem acumulado.

Durante o período da escravatura, mesmo lhe tendo sido arrancado o direito à família, a mulher negra teve força para assumir os mais diversos tipos de trabalho escravo: "[...] na roça, na casa-grande, amamentando as crianças brancas enquanto lhe era negado o exercício de sua própria maternidade, e considerada objeto de prazer para satisfazer aos desejos dos senhores", como afirma Nilma Lino Gomes (1995, p. 116).

Ao término desse longo período da escravidão, as mulheres negras tiveram um papel fundamental na nova ordem social, uma vez que elas constituíram o referencial das famílias negras no país, como assegura a psicóloga e ativista afro-brasileira Maria Aparecida Silva Bento,

> [...] a mulher negra é vista como sustentáculo da raça uma vez que os homens negros excluídos da nova ordem social por estarem despreparados para assumirem o papel de trabalhadores livres estavam sem condições de manter suas famílias, de modo que à mulher negra restou a responsabilidade pela manutenção material da família (BENTO, 1995, p. 2).

Com o que corroboram as ativistas e pesquisadoras negras Lélia González e Helena Theodoro, escritora, doutora em filosofia, pesquisadora de cultura afro-brasileira, quando afirmam que, no Brasil, as ações de fortalecimento da identidade e territorialidade da população negra são derivadas das ações das mulheres negras (GONZÁLEZ, 1982, p. 94; THEODORO, 1996, p. 34).

Sendo as mulheres negras o referencial das famílias negras, bem como guardiãs de saberes ancestrais trazidos desde a África, não é difícil entender a razão pela qual passaram a assumir o lugar de lideranças nas comunidades tradicionais de terreiro.

Shumma Schumaher afirma que é nessas comunidades que as mulheres negras encontram possibilidades de ocupar os altos postos hierárquicos, sendo esses espaços "lugar de afirmação de sua identidade como mulher e como ser político" (SCHUMAHER; VITAL BRAZIL, 2007, p. 111.), além da dedicação ao sagrado, conquistando, aos poucos e com muito trabalho, "o reconhecimento coletivo como guardiãs e provedoras" (SCHUMAHER; VITAL BRAZIL, 2007, p. 111). A autora afirma ainda que "lundus, umbigadas, jongos, sambas, maracatus, afoxés, cirandas, congadas e outras expressões coletivas em geral tiveram uma mãe de santo como ponto de referência e união" (SCHUMAHER; VITAL BRAZIL, 2007, p. 111).

A antropóloga Ruth Landes, em 1932, em seu livro *A cidade das mulheres* (LANDES, 2002), ressaltou a importância do papel econômico das mulheres negras, pois elas se destacavam como "economicamente ativas e autônomas" (SCHUMAHER, 2007, p. 111; LANDES, 2002). As mulheres negras são precursoras do feminismo no Brasil, uma vez que "eram tidas como capazes e livres" (SCHUMAHER, 2007, p. 111), quando, à época, esse tema estava chegando ao país[38].

Mesmo com esse protagonismo, passada mais de uma década do século XXI[39], o histórico que triplica as discriminações contra as mulheres negras (por serem mulheres, pobres e negras) cada vez mais comprova as desigualdades em relação aos outros segmentos sociais.

Com a Lei do Ventre Livre, que passou a considerar livres os filhos e as filhas nascidos de mulheres escravizadas, em 28 de setembro de 1871, como ressalta a doutora em ciências sociais e livre-docente em Antropologia

---

38. Sobre o protagonismo das mulheres negras na conquista de alforria e na manutenção da liberdade na cidade de Rio Grande, cf. Scherer (2008).

39. O salto histórico se justifica pelo fato de que não é intenção da presente pesquisa esgotar a bibliografia, mas sim enfatizar que apesar do protagonismo e das pesquisas realizadas que explicam as desigualdades raciais, as mulheres negras continuam sendo as principais vítimas da combinação: racismo, sexismo e classismo.

Teresinha Bernardo, configura-se um novo modelo de família baseada na matrifocalidade[40].

Essa matrifocalidade, que potencializou a autonomia das mulheres negras, cuja criatividade tem sido importante arma de resistência e sobrevivência vivida por várias mulheres africanas no Brasil, é fundamental para entender como a mulher negra passa a assumir o poder religioso. Pois a partir da matrifocalidade, tem-se a matrilinearidade[41] típica nas comunidades tradicionais de terreiro, nas quais as filhas e os filhos de santo pertencem ao grupo da mãe.

O historiador e antropólogo senegalês Cheikh Anta Diop (1923-1986)[42], que dedicou sua vida à defesa da contribuição da África negra à cultura e à civilização mundiais, cuja obra é mencionada pelo escritor, pesquisador e cientista social cubano Carlos Moore, afirmava que:

> No berço civilizatório "meridional", a mulher goza de uma posição de destaque na comunidade, sendo ela emancipada da vida

---

40. Matrifocalidade é um conceito antropológico que enfatiza a centralidade da figura matriarcal no ordenamento social de determinados grupos étnico-raciais, a partir do conceito elaborado pela etnóloga norte-americana Nancie Loudon Gonzalez (1970).

41. Sobre a civilização matrilinear e suas implicações, cf. Nascimento (2008, p. 73-108). Também, ainda, sobre a matrilinearidade como uma das características da herança afro-brasileira e ameríndia, cf. Marcos Ferreira Santos (2005, p. 205-230).

42. Sua tese central, segundo Carlos Moore, está sintetizada nas seguintes palavras: "A história da humanidade permanecerá na escuridão até que seja vislumbrada a existência de dois grandes berços – o meridional, que inclui toda a África, e o setentrional, que corresponde ao espaço euro-asiático – onde o clima forjou atitudes e mentalidades específicas". Conversas com Carlos Moore, durante uma entrevista realizada em Dakar, Senegal, em 1976 (MOORE, 2012, p. 148-149).

> doméstica. O caráter feminino desse tipo de sociedade, fortemente uterocêntrica, voltada para a cooperação solidária, teria secretado uma percepção positiva da alteridade, de maneira a conceber o Outro – seja qual for – como parceiro, não como inimigo (MOORE, 2012, p. 150).

Essa uterocentricidade indicada por Diop parece ter sido ressignificada na diáspora e adaptada à realidade brasileira dentro das condições impostas às mulheres escravizadas. O que evidencia ainda mais o potencial das mulheres negras em recriarem suas próprias vidas.

A educadora afro-brasileira Vânia Maria da Silva Bonfim destaca que, "a partir do início da revolução agrária do Neolítico" (BONFIN, 2009, p. 223)[43], os povos africanos eram organizados em sociedades complexas sob o poder compartilhado da mulher. Segundo ela, "até o advento do islã e do cristianismo na África, a maioria das sociedades africanas era *matricêntrica*, a saber, matrilineares e matrifocais" (BONFIM, 2009, p. 224). Ressalta ainda que a hegemonia masculina se dava nos campos político e militar (BONFIM, 2009, p. 224). No entanto, mesmo que a hegemonia política fosse masculina, sua designação se dava por ascendência uterina. Na Antiguidade Clássica, no entanto, o monopólio das funções políticas era da mulher, "na condição de rainha--mãe soberana" (SILVA, 1992, p. 117).

---

43. O Neolítico é o "período da era quaternária que vai de 5000 a 2500 a.C., situado entre o Mesolítico e a Idade dos Metais" (cf. *Dicionário on-line*). Também conhecido como Idade da Pedra Polida, no qual o ser humano já se dedica à cultura agrícola, a divisão do trabalho etc.

Retomando a questão do período de escravatura, são notórias as consequências do racismo na situação das mulheres negras até os dias atuais. Recentemente, o economista afro-brasileiro e doutor em sociologia Marcelo Paixão, ao apresentar a "evolução da taxa de desemprego" (PAIXÃO, 2012) no Brasil, durante o período 2002-2010, período da gestão do Presidente Luís Inácio Lula da Silva[44], embora reconhecendo-a como positiva, ressalta que "a taxa de desemprego das mulheres pretas e pardas [...] manteve-se superior à dos demais grupos de cor ou raça e sexo" (PAIXÃO, 2012, p. 177). Em 2010, a população economicamente ativa (PEA) total, nas seis maiores regiões metropolitanas, considerando a variável cor ou raça, teve as seguintes taxas: homens brancos, 3,5%; mulheres brancas, 5,5%; homens pretos e pardos, 4,7%; mulheres pretas e pardas, 8,2% (PAIXÃO, 2012, p. 176). O estudo de Marcelo Paixão confirma a denúncia da psicóloga Maria Aparecida Silva Bento, fundadora do Centro de Estudos das Relações do Trabalho e da Desigualdade – CEERT (PAIXÃO, 2012, p. 176): "Há décadas a mulher negra vem sendo apontada como

---

44. Presidente da República Federativa do Brasil entre os anos de 2003 e 2010, Luiz Inácio Lula da Silva manteve em sua trajetória pessoal e política o compromisso firme com a democracia, a redução da pobreza, o combate à fome e a erradicação da miséria. Nasceu em 27 de outubro de 1945, na cidade de Garanhuns, no estado de Pernambuco, Nordeste do Brasil (Instituto Lula). Durante o seu mandato foi criada a Secretaria de Políticas de Promoção da Igualdade Racial (SEPPIR), em 21 de março de 2003, Dia Internacional pela Eliminação da Discriminação Racial (Secretaria de Políticas de Promoção da Igualdade Racial), e a Secretaria de Políticas para as Mulheres da Presidência da República (SPM-PR) tem como principal objetivo promover a igualdade entre homens e mulheres e combater todas as formas de preconceito e discriminação herdadas de uma sociedade patriarcal e excludente (Secretaria de Políticas para as Mulheres).

aquela que experimenta a maior precariedade no mercado de trabalho brasileiro" (BENTO, 1995, p. 1).

A tríplice discriminação à qual historicamente as mulheres negras estão submetidas tem consequências não somente para a vida dessas mulheres, mas também para a vida de suas famílias. Mesmo diante desse cenário, as mulheres negras seguem reinventando formas de subsistência e superação, sendo, muitas vezes, os terreiros seu lócus de sobrevivência.

Nas comunidades tradicionais de terreiro, assim como em muitas casas, a mulher negra de "religião" tem o papel de sustentadora, sendo, historicamente, o alicerce que tem garantido a permanência das comunidades tradicionais de terreiro. É no terreiro que elas elaboram, experimentam e reeditam "o essencial da memória ancestral e coletiva que, em se tratando do sagrado, é rito de fé, celebração da esperança e fluxo da vida" (SCHUMAHER, 2007, p. 111).

Ser mulher negra de "religião" é algo que somente a mulher negra pode dizer de si mesma, pois significa carregar "a experiência de ter sido massacrada em sua identidade, confundida em suas perspectivas, submetida a exigências, compelida a expectativas alienadas. Mas é também, e sobretudo, a experiência de comprometer-se a resgatar sua história e recriar-se em suas potencialidades" (SOUZA, 1983, p. 17-18). Durante as perseguições e as constantes investidas contra o povo de "religião", as mulheres negras, as mães e filhas de santo, maioria nas comunidades, amargaram experiências de violência e sofrimento, mas encontraram formas de subsistência e resistência que garantiram a existência dessas comunidades até o presente século.

Reconhecer a importância da mulher negra na história, em especial, reconhecer sua força, garra, inteligência, criatividade, sensibilidade, sabedoria, mas também suas ambiguidades, é reconhecer sua humanidade como antropologicamente marcada por uma "mistura"[45] e não por estereótipos culturalmente construídos. Isso é fundamental para discutir as múltiplas formas de violência às quais as mulheres em geral e as mulheres negras em particular são submetidas, e encontrar maneiras de superar essa violência.

Identificar protagonismos de mulheres negras em organizações de mulheres negras nordestinas, que se constitui objeto da presente pesquisa, faz emergir a possibilidade de aprendizados para a superação das múltiplas violências sofridas por essas mulheres. A análise de tais protagonismos, numa perspectiva interseccional, buscará identificar práticas educativo-culturais dessas organizações, bem como o papel da religião na pertença das mulheres negras que delas fazem parte. Ao fazê-lo, buscar-se-á também identificar alternativas específicas de Bem Viver como possibilidade de resistência e sobrevivência.

2 Organizações de mulheres negras do Nordeste do Brasil

> *O movimento social liderado por mulheres negras é o movimento social mais importante do Brasil* (DAVIS, 2017).

---

45. Mistura aqui na perspectiva de Ivone Gebara, ao afirmar que, "simbolicamente, podemos viver às vezes, quase ao mesmo tempo, 'o céu e a terra', 'a felicidade e a desgraça', 'o bem e o mal, 'a alegria e a tristeza'" (GEBARA, 2000, p. 164).

Conhecer nossa história de lutas e conquistas é fundamental para que reconheçamos e nos inspiremos nos protagonismos de quem nos antecedeu e cujos passos nos inspiram a prosseguirmos hoje. Concordo com Sueli Carneiro quando afirma acreditar que nas últimas décadas as mulheres negras brasileiras têm encontrado o que ela denomina "seu caminho de autodeterminação política" (CARNEIRO, 2011). Tal determinação política faz do movimento social das mulheres negras, como bem afirmou Angela Davis em recente discurso, em Salvador, no estado da Bahia: "[...] o movimento social mais importante do Brasil" (DAVIS, 2017).

Existe uma Rede de Mulheres Negras do Nordeste, fruto do projeto Tecendo a Rede de Mulheres Negras do Nordeste[46], cujo objetivo é "construir um processo de rearticulação e mobilização das organizações de jovens, mulheres e lésbicas negras do Nordeste, que venha fortalecer essas organizações na luta pelo combate ao racismo, sexismo e lesbofobia"[47].

O I Encontro da Rede de Mulheres Negras do Nordeste foi realizado de 29 de abril a 1º de maio de 2013, no Recife, no Hotel Jangadeiro.

De 6 a 8 de setembro de 2013, em Salvador, foi realizado pelo Odara Instituto da Mulher Negra um encontro de formação da Rede, como agenda do Projeto Tecendo a Rede, acima mencionado. Nos anos 2014, 2015, 2016

---

46. Realização do Odara Instituto da Mulher Negra, de Salvador, apoiado financeiramente pela Forde Foundation (cf. site oficial do Odara).
47. Site oficial do Odara.

e 2017 foram realizados encontros da Rede Nordeste. A partir de 2017, passou-se a ter dois encontros anuais.

No início de 2017, realizamos a primeira reunião da Rede NE e a Rede de PE assumiu a coordenação, junto ao Instituto da Mulher Negra do Piauí Ayabás e ao Grupo de Mulheres Negras Mãe Andresa – GMNMA/MA.

No início do ano de 2017, a Rede de Mulheres Negras do Nordeste realizou uma primeira reunião, definindo que a Rede de Mulheres Negras de Pernambuco passaria a assumir a coordenação, em conjunto com o Instituto da Mulher Negra do Piauí Ayabás/Piauí e Mãe Andressa/Maranhão.

No II Encontro da Rede de Mulheres Negras do Nordeste do ano 2017, que aconteceu em Olinda, de 19 a 20 de maio, na Pousada São Francisco, no qual foi possível coletar dados a partir de um questionário aplicado com as mulheres membros das organizações de mulheres negras do Nordeste. A partir do questionário, foi possível obter informações mais específicas sobre cada uma das organizações.

2.1 Dados coletados durante o Encontro da Rede de Mulheres Negras

O Encontro da Rede de Mulheres Negras do Nordeste foi realizado em dois dias, propriamente, nos dias 19 e 20 de maio de 2017, em Olinda. No primeiro dia, foi realizada a reunião da Rede. No dia 19 de maio de 2017, estiveram presentes 27 mulheres, sendo 6 mulheres da Rede de Mulheres Negras de Pernambuco. A agenda do dia foi preenchida por cinco momentos.

Estados de origem das organizações representadas: Alagoas, Bahia, Maranhão, Paraíba, Pernambuco, Piauí, Rio Grande do Norte, Sergipe (só faltou representação do Ceará, embora a presença alagoana seja de uma ativista e pesquisadora que não fazia parte de uma organização).

Organizações representadas cujas participantes responderam ao questionário, por estado: Bahia: Odara Instituto da Mulher Negra (uma mulher, que respondeu o questionário via *e-mail*); Maranhão: Grupo de Mulheres Negras "Mãe Andressa" (três mulheres, e todas responderam ao questionário); Paraíba: Abayomi – Coletiva de Mulheres Negras na Paraíba (duas mulheres, que responderam ao questionário); Bamidelê Organização de Mulheres Negras (uma mulher, que respondeu o questionário por *e-mail*); Pernambuco: Rede de Mulheres Negras de Pernambuco (cinco mulheres e todas responderam ao questionário); Cidadania Feminina (uma mulher, que respondeu ao questionário); Sergipe: Auto-organização de Mulheres Negras de Sergipe – Rejane Maria (uma mulher, que respondeu ao questionário); Sociedade Omolayê (uma mulher, que respondeu ao questionário – embora essa organização não atenda ao critério primeiro da pesquisa: ser organização de mulheres negras no Nordeste brasileiro).

O total de mulheres negras que responderam ao questionário: 15 mulheres negras, dentre as 29 presentes, ou seja, 50% das presentes; de oito organizações representadas.

2.2 Organizações de mulheres negras na Região Nordeste do Brasil

O Brasil compreende uma extensão territorial de 8.516.000km². O Nordeste compreende 25% do território brasileiro, o que significa uma extensão geográfica de 1.558.196km², que compreende nove estados: Alagoas, Bahia, Ceará, Maranhão, Paraíba, Pernambuco, Piauí, Rio Grande do Norte e Sergipe.

Inicialmente, quando da elaboração do projeto que *suleia* a presente pesquisa, havia um diagnóstico inicial da existência de 13 organizações de mulheres negras no Nordeste. Sendo necessário um mapeamento que apresentasse com mais precisão quais organizações de mulheres negras existiam em plena atividade no Nordeste. Tal mapeamento foi realizado a partir da coleta de dados na internet, inicialmente em *sites*; redes sociais, especialmente o Facebook; contato com as coordenações da Articulação de Mulheres Negras Brasileiras – AMNB, da Rede de Mulheres Negras do Nordeste e da Rede de Mulheres Negras de Pernambuco; e, principalmente, a partir do questionário aplicado durante o Encontro da Rede de Mulheres Negras do Nordeste, em maio de 2017, sendo possível a identificação de outras organizações pelas respondentes do questionário. Após o quê foram identificadas quais organizações eram de fato de mulheres negras (em alguns casos, tratava-se de organizações mistas – mulheres negras e brancas; mulheres e homens etc.). Após a verificação, tem-se um total de 21 organizações de mulheres negras no Nordeste brasileiro, em plena atividade, como segue:

ALAGOAS	BAHIA
1. Instituto Feminista Jarede Viana Blog: ifjv.blogspot.com Facebook: @institutofeminista.jaredeviana 2. Rede de Mulheres Negras de Alagoas	3. Odara – Instituto da Mulher Negra: Site: www.institutoodara.org.br Facebook: @odarainstitutoDaMulherNegra 4. Associação Renascer Mulher – ASSOREM: Site: www.assorem.org.br 5. Rede de Mulheres Negras e o Controle Social: Facebook: @redemlheesnegrasba Blog: blogrededemulheres.blogspot.com 6. Tamos Juntas Advogadas Negras Feministas Site: https://tamojunts.org.br
CEARÁ	MARANHÃO
7. Instituto Negra do Ceará – INEGRA: Site: https://inegrace.wordpress.com Facebook: @institutonegra 8. Grupo de Mulheres Negras do Cariri Cearense – Pretas Simoa Site: https://pretassimoa.wordpress.com/tag/mulheres-negras-do-caririri/ Facebook: @pretassimoa	9. Grupo de Mulheres Negras Mãe Andresa – GMNMA 10. Coletivo Yalodê de Mulheres Negras do Maranhão Facebook: @yalodemulheresnegras

PARAÍBA	PERNAMBUCO
11. Bamidelé – Organização de Mulheres Negras Facebook: @negrasbamidele Blog: negrasbamidele.blogspot.com/p/bamidele.html 12. Abayomi – Coletiva de Mulheres Negras na Paraíba: Facebook: @abayomi.pb	13. Uila Mukaji – Sociedade de Mulheres Negras 14. Cidadania Feminina Site: www.cidadaniafemiinina.org.br Facebook: @cidadaniafeminina 15. Rede de Mulheres Negras de Pernambuco Facebook: @RMNPE
PIAUÍ	RIO GRANDE DO NORTE
16. Instituto da Mulher Negra do Piauí Ayabás Blog: ayabas-institutodemulheresnegras.blogspot.com	17. As Carolinas Coletivo de Mulheres Negras Facebook: @coletivoascarolinas 18. Ajagun Obínrin – Organização de Mulheres Negras do RN Facebook: Ajagun Obinrin 19. Rede de Mulheres Negras do Rio Grande do Norte 20. Coletivo Negras de Periferia Facebook: @coletivonegrasdeperif
SERGIPE	
21. Auto-organização de Mulheres Negras de Sergipe – Rejane Maria Facebook: Auto-organização de Mulheres Negras de Sergipe Rejane Maria	

Uma vez definido, *a priori*, o sujeito da pesquisa, organizações de mulheres negras do Nordeste brasileiro, e tendo na Marcha das Mulheres Negras o evento propulsor para a sua realização, priorizar como parte da pesquisa as organizações que dela participaram, bem como as que são membros da Rede de Mulheres do Nordeste e/ou da Articulação de Mulheres Negras Brasileiras (AMNB), constituiu a tríade de critérios para a definição de quais organizações seriam, inicialmente, sujeitos partícipes da pesquisa.

Assim, da planilha de 21 organizações existentes, consideramos, prioritariamente, as sete organizações, de cinco dos nove estados nordestinos (Pernambuco, Paraíba, Sergipe, Maranhão e Bahia), cujas representantes responderam ao questionário aplicado no Encontro da Rede de Mulheres Negras do Nordeste, em maio de 2017. Tendo, nesse espectro, a possibilidade de identificar: a identidade religiosa das mulheres negras partícipes das organizações, bem como quais organizações representadas admitem que suas práticas educativo-culturais têm relação com o tema "religião".

Das 15 respondentes à questão nove, "Você é religiosa?", do questionário, na qual havia como assinalar sim ou não, e escolher, numa lista de nove opções de tradições religiosas (cristã católica romana; cristã evangélica – qual denominação?; protestante – qual denominação?; espírita; juremeira; candomblecista; umbandista; sem religião; ateia; outra (para indicação de outra não listada), as respostas obtidas foram: dez mulheres negras assinalaram a opção "sim", dentre elas: cinco identificaram-se como candomblecistas (embora uma mulher negra faça parte de uma organização mista); uma se identificou como umbandista; uma se identificou como sem religião; uma admitiu "base cristã, com princípio da Teologia da Libertação, porém afastada por não concordar com algumas questões"; uma admitiu-se como "católica, cristã pela libertação"; uma admitiu ser "cristã católica/Teologia da Libertação"; quatro mulheres negras assinalaram a opção "não"; uma não assinalou nenhuma das opções, mas admitiu: "Fui católica de origem familiar. Atualmente tenho crença, mas não tenho religião". Em síntese, das 15 respondentes, dez responderam que são religiosas e uma respondeu que, embora sem religião, admite ter uma crença. Das dez respondentes, uma participa de uma organização mista. De modo que, para a categorização dos dados coletados, serão consideradas 14 respondentes, como segue:

2.3 Recorte e categorização dos dados coletados

O questionário compreendeu 11 questões, incluindo questões objetivas e subjetivas. Na planilha abaixo apresento as respostas a três cruciais questões, que merecem especial atenção e desdobramentos para esta pesquisa, sublinhando palavras-chave que desvelam o enfoque religioso como parte do processo identitário, se não da mulher negra respondente da pesquisa, mas da identidade da organização da qual participa.

É necessário ressaltar que os nomes adotados são fictícios (nomes esses alusivos a mulheres negras históricas), atendendo aos critérios éticos de uma pesquisa científica.

Questão 6:	Questão 7:	Questão 11:
Que práticas educativo-culturais são realizadas e/ou promovidas pela Organização? Em qual/quais periodicidade(s)?	Quais são a missão, visão e os princípios orientadores das ações e práticas educativo-culturais da Organização?	Há alguma relação entre as práticas educativo-culturais promovidas por sua Organização e tradição(ões) religiosa(s)? Há alguma atividade que tenha como ênfase as identidades religiosas das mulheres? (Se há, descreva, por favor.)

As respostas obtidas às questões destacadas me fazem inferir que, embora o espectro de respondentes seja modesto para afirmar o viés religioso identitário das mulheres negras das organizações de mulheres negras do Nordeste brasileiro, as respostas à questão sobre a relação das práticas educativo-culturais das organizações com a questão religiosa – questão 11: Há alguma relação entre as práticas educativo-culturais promovidas por sua Organização e tradição(ões) religiosa(s)? Há alguma atividade que tenha como ênfase as identidades religiosas das mulheres? (Se há, descreva, por favor.) – desvelam a imbricação entre cultura e religião na sociedade brasileira, algo constatado por vários pesquisadores que estudaram a formação cultural, social e política do país (cf. DAMATTA, 1997; AZZI, 1978; BRANDÃO, 1980; PALEARI, 1990).

A ênfase na ancestralidade, principal categoria da cosmovisão africana, presente nas respostas à questão em destaque, apontam o caráter religioso inerente às práticas educativo-culturais das organizações em foco. A ancestralidade, segundo o filósofo afro-brasileiro Eduardo David de Oliveira, consiste numa

> [...] cosmovisão de mundo que se reflete na concepção de universo, de tempo, na noção africana de pessoa, na fundamental importância da palavra e na oralidade como modo de transmissão de conhecimento, na categoria primordial da Força Vital, na concepção de poder e de produção, na estruturação da família, nos ritos de iniciação e socialização dos africanos (OLIVEIRA, 2003, p. 71).

Numa perspectiva africana, a ancestralidade consiste num processo civilizatório fundante da humanidade. De modo que ações educativo-culturais afirmam essa compreensão.

Para a teologia cristã elaborada pelo teólogo alemão luterano Paul Tillich, com a qual comungo, "a religião, considerada preocupação suprema, é a substância que dá sentido à cultura, e a cultura, por sua vez, é a totalidade das formas que expressam as preocupações básicas da religião" (TILLICH, 2009, p. 83). Tillich sintetiza que a "religião é a substância da cultura e a cultura é a forma da religião" (TILLICH, 1974, p. 45). Com o que também concorda o antropólogo norte-americano Clifford Geertz, para quem a religião é um "sistema cultural", quando afirma que "as formas da sociedade são a substância da cultura" (GEERTZ, 2008, p. 26), entendendo que naquelas formas estão evidentemente presentes as religiosas. A cultura, a partir dessa compreensão, constitui-se como sistema humano no qual as relações sociais são configuradas pela religião. Por sua vez, a religião só consegue se expressar em categorias culturalmente construídas. De modo que a tarefa seguinte consiste em buscar identificar a religião nas categorias construídas culturalmente nas práticas educativo-culturais das organizações pesquisadas.

3 Práticas educativo-culturais e alternativas de Bem Viver

> *A trajetória histórica das mulheres negras oferece elementos de empoderamento que podem e devem ser considerados, tanto nos diagnósticos quanto nas respostas às diferentes vitimizações.* […] *sua vivência corresponde a uma espécie de persistência histórica de modelos organizativos centrados na potência feminina, reconhecida como capacidade de agenciamento das realidades e de liderança, presentes em diferentes povos e culturas da África pré-colonial* (WERNECK, 2010, p. 14).

Do questionário aplicado, a questão seis, "Que práticas educativo-culturais são realizadas e/ou promovidas pela Organização? Em qual/quais periodicidade(s)?", cujas respostas elencam a variedade de ações educativas e processos pedagógicos promovidos dessas organizações (vale o registro de que em nenhum momento foi explicitado para as respondentes o conceito de "práticas educativo-culturais"). No entanto, pelas respostas obtidas, há convergência no entendimento de que se trata de ações educativas e processos pedagógicos promovidos e/ou realizados pelas organizações das quais essas mulheres fazem parte.

Importante considerar e ressaltar, antes mesmo de nos determos nas práticas educativo-culturais propriamente ditas, que os meses que concentram as principais agendas das organizações são: março (pelo dia 8, Dia Internacional da Mulher), maio (para ressignificação do dia 13, originalmente Dia da Abolição da Escravatura no Brasil), julho (pelo Dia da Mulher Negra Latino-Americana e Caribenha, dia 25; pelo Julho das Pretas) e novembro (pelo Dia da Consciência Negra, dia 20).

Retomando as respostas à questão em foco, os principais temas pautados nas agendas das organizações de mulheres negras do Nordeste são: identidade racial; enfrentamento ao racismo contra as mulheres negras e contra a juventude negra; enfrentamento à violência de gênero; formação política das mulheres; feminismo negro.

Como já afirmei na primeira parte deste texto, para fins dessa pesquisa, considero práticas educativo-culturais de organizações de mulheres negras as ações educativas e processos pedagógicos promovidos e/ou realizados por essas organizações. De modo que, a partir das contribuições apresentadas pelas mulheres respondentes à questão seis do questionário, e buscando atender aos temas pautados como prioritários em suas ações, listo-as: debates; reuniões; rodas de diálogos; audiências públicas; seminários; encontros formativos; oficinas; campanhas de comunicação; incidência política e controle social.

3.1 Princípios orientadores das ações e práticas educativo-culturais

Na questão seis do questionário aplicado – Quais são a missão, visão e os princípios orientadores das ações e práticas educativo-culturais da Organização? – foi possível identificar as principais pautas do feminismo negro que impulsionam as ações das organizações de mulheres negras do Nordeste do Brasil.

Nas respostas obtidas à referida questão, temos o eu denominei "princípios orientadores das ações e práticas educativo-culturais" dessas organizações: identidade racial; enfrentamento ao racismo contra as mulheres negras e contra a juventude negra; enfrentamento à violência de gênero e ao sexismo; combate ao machismo, patriarcado e LGBTfobias; formação política das mulheres; feminismo negro; princípios de irmandade e autonomia política; princípio da ética individual, o cuidado consigo e com as outras feministas negras no nosso Bem Viver; princípios da ética organizacional, considerando a formação política horizontal; princípios de liderança feminista; busca da igualdade racial e dos direitos das mulheres, visando uma sociedade democrática, com justiça social; democracia com justiça social, igualdade de direitos, valorização da diversidade étnico-racial, liberdade, solidariedade, transparência, ética, ancestralidade e circularidade; o Bem Viver das mulheres negras; valores civilizatórios afro-brasileiros, *ubuntu*, ancestralidade, pássaro Sancôfa; fortalecer ações antirracistas, especialmente em comunidades de terreiro; colaborar para uma sociedade com igualdade racial e respeito às religiões de matriz africana; incentivar e fortalecer as organizações de mulheres negras por meio da formação política e social, que permita a intervenção das mulheres.

3.2 A ancestralidade como princípio regulador da religião de matriz africana

> *Nós, mulheres negras do Brasil, irmanadas com as mulheres do mundo afetadas pelo racismo, sexismo, lesbofobia, transfobia e outras formas de discriminação, estamos em marcha. Inspiradas em nossa ancestralidade somos portadoras de um legado que afirma um novo pacto civilizatório* (Carta da Marcha das Mulheres Negras, 2015).

Assim começa a Carta da Marcha das Mulheres Negras, intitulada *Marcha das mulheres negras 2015 contra o racismo e a violência e pelo Bem Viver como nova utopia*, apresentando a ancestralidade como o que as (nos) inspira.

No início do século XX, a ancestralidade era tida como uma relação de parentesco consanguíneo. O filósofo afro-brasileiro Eduardo David de Oliveira ressalta que autores como o médico-legista e psiquiatra maranhense Nina Rodrigues (1862-1906), o médico, psiquiatra, psicólogo social e antropólogo brasileiro Artur Ramos (1903-1949), assim como o jornalista, poeta, jurista e folclorista brasileiro Edison Carneiro (1912-1972) e o sociólogo francês Roger Bastide (1898-1974) não empregaram o termo ancestralidade nesse sentido. Somente a partir dos anos 1990, a ancestralidade passa a ser conceituada como princípio regulador das práticas e representações sociais do povo de santo, tornando-se

"[...] signo da resistência afrodescendente que protagoniza a construção histórico-cultural do negro no Brasil e gesta, ademais, um novo projeto sociopolítico" (OLIVEIRA, 2003, p. 4).

Oliveira identifica pelo menos oito princípios que fundamentam o projeto sociopolítico desde uma perspectiva da ancestralidade: 1) inclusão social; 2) respeito às diferenças; 3) convivência sustentável do ser humano com o meio ambiente do qual é parte; 4) respeito às pessoas mais velhas; 5) complementaridade dos gêneros; 6) diversidade; 7) capacidade de resolução de conflitos; 8) vida comunitária (OLIVEIRA, 2003, p. 4). O conceito se mostrou tão denso que pode ser assumido como categoria analítica:

> Tributária da experiência tradicional africana, a ancestralidade converte-se em categoria analítica para interpretar as várias esferas da vida do negro brasileiro. Retroalimentada pela tradição, ela é um signo que perpassa as manifestações culturais dos negros [e negras] [sic] no Brasil, esparramando sua dinâmica para qualquer grupo racial que queira assumir os valores africanos. Passa, assim, a configurar-se como uma epistemologia que permite engendrar estruturas sociais capazes de confrontar o modo único de organizar a vida e a produção no mundo contemporâneo (OLIVEIRA, 2003, p. 4).

Como enfatiza Oliveira, a ancestralidade é uma categoria de análise que se alimenta da experiência de pessoas africanas e de afrodescendentes. É na compreensão dessa diversidade de experiências que a ancestralidade se mostra como um conceito que garante a unidade de compreensão sem o risco do reducionismo da experiência a uma única realidade singular ou plural, mas se afirmando como aberta à "polivalência dos sentidos" (OLIVEIRA, 2003, p. 4).

> A ancestralidade, inicialmente, é o princípio que organiza [...] e arregimenta todos os princípios e valores caros ao povo de santo na dinâmica civilizatória africana. [...] a ancestralidade é um princípio regulador das práticas e representações do povo de santo (OLIVEIRA, [s.d.]).

A ancestralidade, como principal categoria da cosmovisão africana, deve ser entendida na perspectiva do pensamento complexo. O que significa que, para melhor compreender essa categoria da cosmovisão africana, é importante considerar a distinção entre o pensamento binário e o pensamento complexo, assumindo este último como pressuposto da ancestralidade.

O primeiro estabelece uma bipolaridade oposta, como, por exemplo, o lugar dos homens e o lugar das mulheres na sociedade, reconhecendo-lhes como opostos entre si, comum à maioria das culturas em todo o mundo (BOZON, 2004, p. 21), como denuncia o mulherismo *Africana* (MAZAMA, 2009, p. 125). O pensamento complexo, conforme afirma o filósofo francês Edgar Morin, já se fazia presente nos objetivos da ciência, pois

> [...] mesmo quando tinha por objetivo único revelar as leis simples que governam o universo e a matéria de que ele é constituído, a ciência apresentava constituição complexa. Ela só vivia em e por uma dialógica de

> complementaridade e de antagonismo entre empirismo e racionalismo, imaginação e verificação (MORIN, 2005, p. 8).

Ou seja, o pensamento complexo considera a multiplicidade de possibilidades, reconhecendo tanto a oposição quanto a complementaridade como não absolutas. Amplia-se o horizonte do pensar, acrescenta-se a conjunção "e", quando antes apenas era considerada a conjunção "ou".

Visto isto, importa assumir o conceito de ancestralidade, reconhecendo que somente o pensamento complexo possibilita seu entendimento. O que abre perspectivas de aceitá-lo também como inconcluso, em elaboração, assim como inconclusas[48] são as pessoas que constituem conceitos. Como afirma Edgar Morin, quando trata do método da complexidade:

> O método da complexidade pede para pensarmos nos conceitos, sem nunca dá-los por concluídos, para quebrarmos as esferas fechadas, para restabelecermos as articulações entre o que foi separado, para tentarmos compreender a multidimensionalidade, para pensarmos na singularidade com a localidade, com a temporalidade, para nunca esquecermos as totalidades integradoras (MORIN, 2005, p. 192).

As palavras de Morin trazem à memória um trecho de um poema do escritor brasileiro do século XVII, Gregório de Matos (1636-1695): "O todo sem a parte não é todo. A parte sem o todo não é parte. Mas se a parte

---

48. Sobre o ser humano como ser inconcluso e histórico, cf. Freire (1987, p. 42).

o faz todo sendo parte, não se diga que é parte, sendo todo" (MATOS, 1992). Ou ainda o pensar o conhecimento desde uma perspectiva rizomática e não arbórea, como proposto pelos filósofos franceses Gilles Deleuze (1925-1995) e Félix Guattari (1930-1992), quando escreveram sobre uma introdução ao conceito de rizoma por eles elaborado, compreendido como "[...] um sistema a-centrado não hierárquico e não significante, sem general, sem memória organizadora ou autômato central, unicamente definido por uma circulação de estados" (DELEUZE; GUATTARI, 1995, p. 32).

O conceito de rizoma é apresentado apenas de forma aproximativa, posto que o conceito de ancestralidade propõe uma "mistura" das duas compreensões, rizomática e arbórea, o que torna novamente perceptível a presença da conjunção "e" como preponderantemente importante para a compreensão de ancestralidade. Se para Guattari e Deleuze "o rizoma é uma antigenealogia. É uma memória curta ou uma antimemória" (DELEUZE; GUATTARI, 1995, p. 32), a ancestralidade tem "um traço constitutivo de meu processo identitário que é herdado e que vai além de minha própria existência" (SANTOS, 2005, p. 32), como bem afirma o filósofo brasileiro Marcos Ferreira Santos. Entretanto, a identidade aqui não é considerada como algo imutável e homogêneo, mas como um processo continuamente aberto e em elaboração (SANTOS, 2005, p. 213).

Diante dessa elaboração do conceito, que também é uma elaboração do conceito identitário do ser, a herança ancestral é muito maior e mais durável (grande duração) do que a minha existência (pequena duração).

> Conhecer esta herança é uma forma de assumir as múltiplas influências da tradição, razões de existência e resistência, que nos fortalecem enquanto identidade e ajudam a compreender melhor a cultura brasileira como um todo, valorizando as nossas diversidades (SANTOS, 2009, p. 33).

Essa herança coletiva pertence ao grupo comunitário a que pertence e ultrapassa o sujeito (SANTOS, 2005, p. 213). Há como que uma espécie de dívida à medida que "somos o futuro que este passado possuía e nos cabe atualizar as suas energias mobilizadoras e fundadoras", cabendo a estes sujeitos a tarefa de pagar a dívida com essa ancestralidade (SANTOS, 2005, p. 213). Afirma ainda Santos:

> Outra característica da ancestralidade é que em *situações-limite* (Jaspers), nas quais temos nossa própria sobrevivência em risco, a ancestralidade nos abre e nos apresenta possibilidades de religação com nosso tecido social originário: nos religa aos nossos. Dessa religação, possibilitada pela vivência limítrofe, temos uma outra maneira de ver o próprio mundo e a nós próprios numa releitura das coisas, *relegere,* em que transformamos o nosso olhar, as nossas atitudes e nossas relações. Estas duas possibilidades religantes: *re-ligare* e *re-legere*, abrem a dimensão *religiosa* (no sentido mais nobre do termo) de nosso contato com a ancestralidade (SANTOS, 2005, p. 213).

Para melhor compreensão do conceito de ancestralidade, é importante reconhecer a necessidade de um processo de descolonização de todo o conhecimento ocidental construído como único *modus* de produzir ciência. Descolonização entendida como a conceituou Frantz Fanon ao identificar e denunciar as psicopatologias da colonização, e ao anunciar veementemente a possibilidade de romper com essa opressão e instaurar um processo de descolonização, que promove a libertação do povo colonizado da cultura do colonizador, recuperando sua própria cultura, a "libertação nacional" (FANON, 1968, p. 13). E o processo de descolonização é um reassumir a condução da história na condição de protagonista.

Considerações finais

Nas palavras de Mãe Stella de Oxóssi: "No nosso universo nada se acaba, tudo se transforma. O que foi ser humano passa a ser ancestral (*baba egun*). Oya é a responsável por esta passagem do *aye* (terra) para o *orun* (eternidade). O nosso ancestral é o nosso orientador aqui no *aye*"[49]. A ancestralidade é, portanto, esse fio que une passado, presente e futuro, numa circularidade que se redesenha no tempo, unindo a humanidade.

Diante do exposto, entendo que a ancestralidade presente nas respostas das mulheres negras à pergunta 11 do questionário – "Há alguma relação entre as práticas educativo-culturais promovidas por sua Organização e tradição(ões) religiosa(s)? Há alguma atividade que tenha como ênfase as identidades religiosas das mulhe-

---

49. Entrevista de Mãe Stella de Oxóssi, Iyalorixá do Ilê Axé Opó Afonjá (1996).

res? (Se há, descreva, por favor.)" – pode ser entendida como indicador de que a interseccionalidade de identidade, raça e gênero, comum às organizações de mulheres negras do Nordeste, também tem imbricação com princípios da religião de matriz africana no "quefazer" dessas organizações; uma vez que a ancestralidade é um princípio da cosmovisão religiosa das tradições africanas e afro-brasileiras.

Desse cenário emerge uma identidade de resistência como construção de sujeitos que contraria toda uma lógica do sistema racista, sexista e classista vigente, e que reúne em si uma diversidade de sujeitos conscientes de seu agenciamento e capacidades de protagonismos a partir de sua consciência ancestral e histórica: a "mulher negra", cujas práticas educativo-culturais protagonizadas a partir das organizações das quais são partícipes e agentes se constituem em ações forjadas pelo feminismo negro vivido por essas organizações, que seguem resistindo às mazelas do sistema capitalista e promovendo alternativas de Bem Viver, tendo como princípio a coletividade no seu "quefazer", como anunciou Angela Davis: "A liderança feminista negra é fundamentalmente coletiva e se configura hoje no mais importante movimento social do Brasil, sendo sinal visível de 'esperança na liberdade'" (DAVIS, 2017).

A resistência das mulheres negras, recebida como herança ancestral e ressignificada atualmente, tem uma potência transformadora descomunal. Puro serviço que gera poder para si e para outras. Poder que emancipa e afirma sua humanidade.

Referências

AZZI, R. *O catolicismo popular no Brasil*. Petrópolis: Vozes, 1978.

BENTO, M.A.S. A mulher negra no mercado de trabalho. *Estudos Feministas*, v. 3, n. 2, 1995. Disponível em: journal.ufsc.br/index.php/ref/article/download/16466/15036 – Acesso em: 20 jan. 2019.

BONFIM, V.M.S. A identidade contraditória da mulher negra brasileira: bases históricas. *In*: NASCIMENTO, E.L. (org.). Afrocentricidade: uma abordagem epistemológica inovadora. São Paulo: Selo Negro, 2009, p. 219-249.

BOZON, M. *Sociologia da sexualidade*. Rio de Janeiro: FGV, 2004.

BRANDÃO, C.R. *Os deuses do povo*. São Paulo: Brasiliense, 1980.

CARNEIRO, S. Enegrecer o feminismo: a situação da mulher negra na América Latina a partir de uma perspectiva de gênero. *Portal Geledés*, mar. 2011. Disponível em: https://www.geledes.org.br/enegrecer-o-feminismo-situacao-da-mulher-negra-na-america-latina-partir-de-uma-perspectiva-de-genero/

Carta da Marcha das Mulheres Negras 2015. Disponível em: https:///www.geledes.org.br/carta-das-mulheres-negras-2015/

DAMATTA, R. *A casa & a rua: espaço, cidadania, mulher e morte no Brasil*. 5. ed. Rio de Janeiro: Rocco, 1997.

DAVIS, A. Atravessando o tempo e construindo o futuro da luta contra o racismo. Palestra de 25 de julho de 2017 no salão nobre da reitoria da UFBA. *Revista Subjetiva*, ago. 2017. Disponível em: https://medium.com/revista-subjetiva/transcrição-da-palestra-de-angela-davis-atravessando-o-tempo-e-construindo-o-futuro-da-luta-contra-6484111fe25a

DELEUZE, G.; GUATTARI, F. *Mil platôs: capitalismo e esquizofrenia*. Vol. 1. São Paulo: Editora 34, 1995.

Dicionário on-line. Disponível em: http://www.dicionariodoaurelio.com/Neolitico.html – Acesso em: 23 out. 2018.

DOMINGUES, J.M. A teoria da subjetividade coletiva como programa de pesquisa. *XXII Reunião Anual da ANPOCS*, Grupo de Trabalho de Teoria Social, Caxambu, 1998, p. 8.

Entrevista de Mãe Stella de Oxóssi, Iyalorixá do Ilê Axé Opó Afonjá. Salvador: BOTAS, 1996, p. 91.

FANON, F. *Os condenados da terra*. Rio de Janeiro: Civilização Brasileira, 1968.

FREIRE, P. *Pedagogia do oprimido*. 17. ed. Rio de Janeiro: Paz e Terra, 1987.

GEBARA, I. *Rompendo o silêncio: uma fenomenologia feminista do mal*. 2. ed. Petrópolis: Vozes, 2000.

GEERTZ, C. *A interpretação das culturas*. Rio de Janeiro: LTC, 2008.

GOMES, N.L. *A mulher negra que vi de perto*. 2. ed. Belo Horizonte: Mazza Edições, 1995.

GONZÁLEZ, L. A mulher negra na sociedade brasileira. *In*: LUZ, M.T. (org.). *O lugar da mulher: estudos sobre a condição feminina na sociedade atual*. Rio de Janeiro: Edições Graal, 1982, p. 94.

GONZALEZ, N.L. Toward a definition of matrifocality. *In*: WHITEN, N.; SZWED, J. (eds.). *Afro-American Anthropology*. Nova York: Free Press, 1970.

INSTITUTO LULA. *Biografia de Luiz Inácio Lula da Silva*. Disponível em: http://www.institutolula.org/biografia/#.UqsU2dqA1eA – Acesso em: 13 dez. 2018.

LANDES, R. *A cidade das mulheres*. 2. ed. Rio de Janeiro: UFRJ, 2002.

MATOS, G. *Obra poética*. Org. James Amado, prep. e notas Emanuel Araújo, apres. Jorge Amado. 3. ed. Rio de Janeiro: Record, 1992.

MAZAMA, A. Afrocentricidade como novo paradigma. *In:* NASCIMENTO, E.L. (org.). *Afrocentricidade*: uma abordagem epistemológica inovadora. São Paulo: Selo-Negro, p. 111-127, 2009.

MOORE, C. *Racismo & sociedade: novas bases epistemológicas para entender o racismo*. 2. ed. Belo Horizonte: Nandyala, 2012.

MORIN, E. *Ciência com consciência*. 82. ed. Rio de Janeiro: Bertrand Brasil, 2005.

NASCIMENTO, E.L. As civilizações africanas no mundo antigo. *In*: NASCIMENTO, E.L. (org.). *A matriz africana no mundo*. Vol. 1. Coleção Sankofa: Matrizes africanas da cultura brasileira. São Paulo: Selo Negro, 2008, p. 73-108.

OLIVEIRA, E. Epistemologia da ancestralidade [s.d.]. Disponível em: http://www.entrelugares.ufc.br/phocadownload/eduardo-artigo.pdf – Acesso em: 12 dez. 2018.

OLIVEIRA, E.D. *Cosmovisão africana no Brasil: elementos para uma filosofia afrodescendente*. Fortaleza: LCR, Ibeca, 2003.

PAIXÃO, M. Evolução das assimetrias de cor ou raça no mercado de trabalho metropolitano brasileiro durante a era Lula. *In*: RIBEIRO, M. (org.). *As políticas de igualdade racial: reflexões e perspectivas*. São Paulo: Fundação Perseu Abramo, 2012, p. 169-194.

PALEARI, G. *Religiões do povo: um estudo sobre inculturação*. 3. ed. São Paulo: AM Edições, 1990.

SANTOS, I.F. Dança e pluralidade cultural: corpo e ancestralidade. *Revista Múltiplas Leituras*, n. 1, p. 31-38, jan./jun. 2009.

SANTOS, M.F. Ancestralidade e convivência no processo identitário: a dor do espinho e a arte da paixão entre Karabá e Kiriku. *In*: BRASIL. Ministério da Educação. *Educação antirracista*: caminhos abertos pela Lei Federal n. *10.639/03*. Secretaria de Educação Continuada, Alfabetização e Diversidade. Brasília: MEC, Secretaria de educação Continuada, Alfabetização e Diversidade, 2005.

SANTOS, M.F. Ancestralidade e convivência no processo identitário: a dor do espinho e a arte da paixão entre Karabá e Kiriku. *In*: *Educação antirracista: caminhos abertos pela Lei Federal n. 10.639/03*. Secretaria de Educação Continuada, Alfabetização e Diversidade. Brasília: Ministério da Educação, Secretaria de Educação Continuada, Alfabetização e Diversidade, 2005, p. 205-230.

SCHERER, J.S. *Experiências de busca da liberdade: alforria e comunidade africana em Rio Grande, séc. XIX*. Dissertação (Mestrado em História) – Universidade do Vale do Rio dos Sinos, São Leopoldo, 2008. Disponível em: http://biblioteca.asav.org.br/vinculos/tede/experiencias%20de%20busca.pdf – Acesso em: 6 jan. 2019.

SCHUMAHER, S.; VITAL BRAZIL, É. *Mulheres negras do Brasil*. Rio de Janeiro: Senac Nacional, 2007.

SECRETARIA DE POLÍTICAS DE PROMOÇÃO DA IGUALDADE RACIAL. *O que é*. Disponível em: http://www.seppir.gov.br/sobre – Acesso em: 13 dez. 2018.

SECRETARIA DE POLÍTICAS PARA AS MULHERES. *Secretaria de Políticas para as Mulheres – SPM*. Disponível em: http://www.spm.gov.br/sobre – Acesso em: 13 dez. 2018.

SILVA, A.C. *A enxada e a lança: a África antes dos portugueses*. Rio de Janeiro, São Paulo: Nova Fronteira, Edusp, 1992.

Site oficial do Odara. Disponível em: https://odarainstituto.wordpress.com/

SOUZA, N.S. *Tornar-se negro*. Rio de Janeiro: Graal, 1983.

THEODORO, H. *Mito e espiritualidade: mulheres negras*. Rio de Janeiro: Pallas, 1996.

TILLICH, P. *Teología de la cultura y otros ensayos*. Buenos Aires: Amorrortu, 1974.

TILLICH, P. *Teologia da cultura*. São Paulo: Fonte Editorial, 2009.

WERNECK, J. Mulheres negras e violência no Rio de Janeiro. *In*: Mulheres de Brasília e do Rio de Janeiro no Monitoramento da Política Nacional de Enfrentamento à Violência contra as Mulheres. Rio de Janeiro: CRIOLA; CFEMEA, 2010.

VI

Desigualdade de gênero e as mulheres na Igreja na Nigéria

Dra. Ir. Florence Adetoun Oso*

Introdução

A desigualdade de gênero tem sido a raiz da agitação pelo movimento feminista no mundo, e a sociedade nigeriana não é deixada de fora dessa luta. O feminismo contemporâneo tem sua raiz na falta de respeito pelas mulheres. Se a mulher tivesse sido corretamente tratada desde o início, depois que Deus completou sua obra de criação, não haveria necessidade de nenhum movimento feminista no mundo de hoje. O feminismo tem

---

* Membro do Instituto das Irmãs do Coração Eucarístico de Jesus. Ela é uma iorubá do sudoeste da Nigéria. Atualmente é conferencista principal no Departamento de Teologia e chefe-adjunta do Departamento de Teologia, no Seminário de SS. Peter & Paul Bodija, Ibadan. Obteve o grau de doutora em Missiologia pela Pontifícia Universidade Urbaniana, Roma, e um diploma de pós-graduação em Educação pela Universidade de Jos. É atualmente secretária-executiva da Catholic Theologians Association da Nigéria (CATHAN) e membro da International Association of Catholic Missiologists (IACM); e membro associado do Centre for World Catholicism e Intercultural Theology, Universidade DePaul, Chicago. Atualmente é uma servidora coordenadora da unidade de Pan-African Catholic Theology and Pastoral Network. Tem uma série de 16 publicações em capítulos de livros e periódicos. Participou em 28 conferências dentro e fora do país e apresentou trabalhos em cerca de 20 destas. Tradução para o português por Cleusa Caldeira. E-mail: cleucaldeira@gmail.com

sido um meio de luta das mulheres para corrigir atos de discriminação e violência doméstica elas. O movimento feminista existe na Nigéria desde o século XIX. As nigerianas desempenharam papéis significativos na era pré-colonial e colonial, a fim de melhorar a sorte das mulheres. A prevalência de relações de poder desiguais resultando em distribuição desproporcional de direitos e privilégios para as mulheres tem sido uma grande preocupação, levando a diferentes intervenções individuais e grupais para erradicar tal conceito.

O movimento feminista na Nigéria surgiu como resultado da demanda das mulheres para melhorar o *status* da mulher e eliminar todos os fatores que as privam de desfrutar plenamente de seus direitos humanos. A resistência das mulheres contra esse tratamento injusto deu origem à formação de diferentes movimentos na Nigéria, por exemplo: União Nacional das Mulheres; União das Mulheres Abeokuta; Federação das Mulheres Nigerianas; Conselho Nacional das Mulheres; Mulheres na Nigéria; Movimento das Feministas Nigerianas e outros. Todos esses trabalhos em prol da igualdade de oportunidades para as mulheres na Nigéria.

Embora a ordenação das mulheres não seja uma questão que queime em seu coração na Igreja na Nigéria, seja por causa de sua fidelidade à Igreja ou por causa de sua natureza conservadora como mulheres africanas tradicionais, há outras questões que indicam que a desigualdade de gênero existe na Igreja na Nigéria. A cultura africana e, para ser mais precisa, as culturas nigerianas prepararam o terreno fértil para a discriminação de gênero contra as mulheres, muitas sentem a pitada da desigualdade de gênero na Igreja. Essa é uma base suficiente para a agitação de algumas mulheres que estão lutando pela igualdade com os homens em resposta à imprudência de alguns deles que pensam que as mulheres são inferiores, portanto, subordinadas a eles.

Historicamente, as mulheres na Nigéria têm enfrentado um espectro de experiências ao navegar por vários obstáculos; desde a cultura do patriarcado, do chauvinismo masculino e da anarquia que tem minado os direitos das mulheres e as têm explorado e marginalizado nos assuntos de desenvolvimento tanto no setor privado como no público e, também, na Igreja (cf. ABDUL *et al.*, 2011, p. 5). Os papas pós-Vaticano II têm clamado em defesa das mulheres e de sua situação. Em 9 de junho de 2017, o Papa Francisco, ao se dirigir ao Pontifício Conselho para o Diálogo Inter-religioso, disse: "Hoje, mais do que nunca, é necessário que as mulheres estejam presentes (e ativas) na Igreja... dada sua capacidade natural de construir relacionamentos e fraternidade" (HARRIS, 2017). Embora essa declaração tenha sido feita dentro do contexto do diálogo inter-religioso, no entanto, ela diz o estado da Igreja de hoje. Antes do Concílio Vaticano II, a Igreja prestava pouca ou nenhuma atenção aos leigos, especialmente às mulheres. Entretanto, com o *aggiornamento* do Concílio Vaticano II, o lugar e o papel dos leigos se tornaram mais precisos e pronunciados. A consciência de que as mulheres com seus dons e tarefas têm sua própria vocação específica aumentou e se aprofundou nos anos seguintes ao Concílio e encontrou sua inspiração fundamental no Evangelho e na história da Igreja.

Embora não chamadas ao apostolado dos Doze e, portanto, ao sacerdócio ministerial, muitas mulheres, contudo, acompanharam Jesus em seu ministério e ajudaram o grupo dos apóstolos (cf. Lc 8,2-3), estiveram presentes aos pés da cruz (cf. Lc 23,49), auxiliaram no enterro de Cristo (cf. Lc 23,55), receberam e transmitiram a mensagem da Ressurreição na manhã da Páscoa (cf. Lc 24,10) e rezaram com os apóstolos no Cenáculo aguardando o Pentecostes (cf. At 1,14) (JOÃO PAULO II, *Christifideles laici*). As mulheres de diferentes igrejas contribuíram em grande medida para o crescimento e desenvolvimento da vida e ministério da Igreja. Neste documento, discutiremos o papel que as mulheres foram autorizadas a desempenhar na Igreja, como resultado da sutil discriminação de gênero que existe na Igreja e na sociedade nigeriana em geral.

1 A mulher na Escritura

No Antigo Testamento, vimos mulheres que se destacaram na história religiosa de seu povo, por exemplo: a matriarca Sara, a Rainha Ester, Débora a profetisa, esposa e juíza de Israel por 40 anos, Judith a guerreira celibatária e Ana a profetisa. O Novo Testamento dá testemunho do serviço das mulheres no ministério de Jesus (Mt 27,55-56; Mt 28,1-10; Lc 8,1-3). No ministério e ensino de Jesus houve mulheres que o acompanharam e contribuíram para sua missão. Em Lucas 8,1-3 lemos: "Ele percorreu a cidade e as aldeias pregando e proclamando a Boa-nova do Reino de Deus". Com Ele foram os Doze, assim como algumas mulheres que haviam sido curadas de espíritos malignos e enfermidades: Maria com o sobrenome de Madalena, da qual saíram sete demônios, Joana, a esposa de Cuza, mordomo de Herodes, Suzana e muitas outras que o serviam com seus próprios recursos.

Um dos maiores bens da Igreja são suas mulheres. De acordo com a Escritura, as mulheres são herdeiras plenas da graça da vida (1Pd 3,7), receptoras iguais da obra salvadora de Cristo (Gl 3,28) e participantes do Espírito Santo e seus dons (At 2,17; 1Cor 12,4-6.12-13; 1Pd 4,10-11). As mulheres servem pela Igreja de Cristo ao redor do mundo, exaltando a Deus de inúmeras maneiras, e na vida da Igreja primitiva (Tt 2,3; 2Tm 1,5; 2Tm 3,14; At 18,26). Passando pela fundação bíblica, Paulo não apenas teoriza. Ele implementa sua teologia da igualdade na vida de suas igrejas. A evidência é encontrada em suas saudações às mulheres, a quem ele se referiu como companheiras de trabalho na Igreja. Aqui só precisamos citar as passagens em que Paulo menciona ou cumprimenta as mulheres que foram associadas a ele no ministério. Em Filipenses 4,2, as mulheres são companheiras de trabalho e têm labutado e lutado com Paulo em seu serviço. Entre as pessoas mencionadas em Romanos 16, seis são mulheres, e de todas se diz terem participado na construção das comunidades cristãs. Febe, a quem Paulo recomenda aos destinatários da carta, é tanto um *diakonos*, um ministro, quanto um *prostatis*, um ajudante. A palavra *diakonos* aqui está no masculino; é a mesma palavra que Paulo usa para descrever a si mesmo e Apolo em 1 Coríntios 3,5, Tíquico em Efésios 6,21 e Colossenses 4,7, e Timóteo em 1 Timóteo 4,6. Parece claro que Febe é uma ministra da Igreja na Cencreia.

Já que seu título está no masculino, não parece haver fundamentos linguísticos ou teológicos para distinguir entre ela e outros "ministros" masculinos. Ela deve ser honrada e ajudada pelos romanos.

A própria atitude de Jesus para com as mulheres é encontrada nas narrativas de Jesus na casa de Marta e Maria e da mulher samaritana. Jesus rompeu com a convenção para dar instrução religiosa diretamente às mulheres. Maria senta-se aos pés de Jesus enquanto Ele prega, enquanto sua irmã trabalhava na cozinha preparando uma refeição. Quando Marta reclama com Maria que ela deveria estar ajudando na cozinha, Jesus diz que "Maria escolheu o que é melhor" (Lc 10,38-42). A samaritana também recebeu catequese de Jesus (Jo 4,4-42).

2 As mulheres na sociedade

As mulheres são a espinha dorsal da família na sociedade africana. A Exortação Sinodal, *Africae munus*, no capítulo um, enfatiza que as mulheres têm um papel vital a desempenhar na sociedade e na Igreja. O homem teria sido o único ser humano existente se não tivesse se tornado solitário, e sua solidão fez com que Deus encontrasse outra criatura para lhe fazer companhia, já que os animais não podiam suprir as necessidades do homem. Então Deus criou a mulher a partir do osso da costela do homem e desse momento em diante as necessidades do homem foram atendidas (cf. Gn 2,18). Como Deus nunca pode ser associado à imperfeição, Ele aperfeiçoou seu trabalho criando uma ajudante, uma companheira para o homem. Quando isso foi feito, Deus considerou sua criação boa e bela. A mulher, portanto, torna-se a perfeição da obra de Deus. Quando o homem (Adão) e a mulher (Eva) trouxeram a imperfeição a essa bela criação de Deus, tornou-se necessário que uma mulher fosse esboçada no plano de Deus, e a sorte caiu sobre outra mulher, Maria, a Mãe de Cristo.

"As mulheres são extremamente valiosas aos olhos da sociedade. Elas não apenas carregam vida, mas nutrem, acariciam, dão calor, cuidam da vida, pois toda a vida humana passa por seu próprio corpo" (MBITI, 1988). Consequentemente, elas são como uma ponte entre Deus e seus filhos e entre o pai e seus filhos. "A mãe ou esposa é provavelmente o membro mais importante da família, o centro da família" (MBITI, 1988). A mulher é a primeira educadora de uma criança e uma transmissora de cultura e de fé. As mulheres são as garantidoras da fé. Na vida tradicional africana, as mulheres desempenham um papel significativo nas atividades religiosas da sociedade. Uma das áreas em que esse papel é proeminente é na oferta de orações para a família e suas comunidades em geral.

As mulheres sempre desempenharam um papel vital na história humana cristã em geral, e a história da Igreja na Nigéria não pode ser completa sem o reconhecimento do papel das mulheres nela. As mulheres foram os pilares e a perfeição da Igreja na Nigéria e continuarão a sê-lo.

3 O papel das mulheres na Igreja

Que se diga aqui que o papel dos fiéis (tanto homens quanto mulheres) recebe um impulso do papel da Igreja no mundo. Em outras palavras, qualquer que seja o papel desempenhado pelos fiéis na Igreja é uma forma de participar do papel da Igreja no mundo. A Igreja continua o trabalho de Cristo no estabelecimento do Reino de Deus aqui na terra. Nessa linha, qualquer que seja o papel que as mulheres vão desempenhar, ele deve estar em consonância com isso. Nesse sentido, o que é dito da Igreja aplica-se tanto à Igreja universal como à Igreja na Nigéria. Nas palavras do Papa João Paulo II, em *Christifideles laici*, "a missão de salvação da Igreja no mundo é realizada não somente pelos ministérios em virtude do Sacramento da Ordem, mas também por todos os fiéis leigos; de fato, devido ao seu estado batismal e sua vocação específica, na medida própria de cada pessoa, os fiéis leigos participam da missão sacerdotal, profética e real de Cristo" (JOÃO PAULO II, *Christifideles laici*). É nesse contexto o papel particular que a mulher vem desempenhar.

O papel da mulher na Igreja não pode ser enfatizado em demasia, pois provavelmente elas continuam sendo o gênero com a população maior da Igreja. É seguro dizer que elas geralmente têm sido de grande ajuda, desde o humilde começo da Igreja. "Enquanto os doze apóstolos eram todos homens, e há muito debate sobre as crenças dos primeiros líderes da Igreja, como São Paulo, as mulheres eram conhecidas por serem muito ativas na difusão precoce do cristianismo" (MOWCZKO, 2012). De acordo com Alister McGrath, o cristianismo teve o efeito de transformar os papéis tradicionais das mulheres e dos escravos de duas maneiras: ao afirmar que todos eram "um em Cristo", independentemente de serem judeus ou gentios, homens ou mulheres, senhores ou escravos. McGrath descreve a abordagem igualitária de Paulo como "profundamente libertadora", na medida em que implicava novas liberdades para as mulheres.

O papel da mulher na Igreja tem sido muitas vezes um tema controverso no pensamento social católico (LABRIE, 1997, p. 12). No entanto, os papéis individuais diferem na Igreja, pois cada um exerce seu papel de acordo com sua condição. De acordo com Katherine Maria, "o papel da mulher na questão da Igreja, em seu exigente espírito de igualdade, é simplesmente errado. O conceito de luta entre homens e mulheres em sua capacidade de servir a Deus é gerado porque confundimos os padrões do mundo, que é uma existência natural, com os padrões da Igreja, que é uma instituição sobrenatural" (MARIA, [s.d.]). As duas esferas são diametralmente opostas. Portanto, o clamor por direitos iguais e exercício de funções na Igreja é injustificado, embora todos os fiéis de Cristo sejam iguais em dignidade e ação em virtude de nosso batismo; há uma diversidade essencial no exercício de sua função no que diz respeito à missão da Igreja. Para isso, as mulheres têm o direito de exercer suas funções, de acordo com sua condição, sem qualquer conflito.

Portanto, é hora, diz o Papa João Paulo II, de examinar o passado com coragem, de atribuir responsabilidade onde ela é devida em uma revisão da longa história da humanidade para a qual as mulheres contribuíram, tanto quanto os homens. E, na maioria das vezes, o fizeram em condições muito mais difíceis, pois muitas vezes foram relegadas para segundo plano (JOÃO PAULO II, *Carta às mulheres*).

Assim, a dignidade e a vocação da mulher – um tema de constante reflexão humana e cristã – ganharam um destaque excepcional nos últimos anos. Isso é visto, por exemplo, na declaração do Magistério da Igreja presente em vários documentos do Concílio Vaticano II, que declara em sua mensagem final: "Chegou a hora, de fato, em que a vocação da mulher está sendo reconhecida em sua plenitude" (JOÃO PAULO II, *Mulieris dignitatem*).

Os padres sinodais deram especial atenção ao *status* e ao papel da mulher com dois propósitos em mente: reconhecer a contribuição indispensável da mulher para a construção da Igreja e para o desenvolvimento da sociedade. Eles desejaram, também, trabalhar em uma análise mais profunda da participação da mulher na vida e na missão da Igreja (JOÃO PAULO II, *Christifideles laici*). Em particular, ao falar da participação ativa e responsável na vida e missão da Igreja, algumas citações significativas do Concílio Vaticano II merecem aqui ser lembradas: "Como em nossos dias as mulheres estão participando cada vez mais ativamente de toda a vida da sociedade, é muito importante que elas participem mais amplamente também nos vários campos do apostolado da Igreja" (PAULO VI, 1975). Tanto em seus primeiros dias, desde a era apostólica, como em seus sucessivos desenvolvimentos, a Igreja sempre conheceu mulheres que exerceram um papel muitas vezes decisivo na própria Igreja e cumpriram tarefas de considerável valor em seu nome.

O Papa João Paulo II, em sua carta às mulheres, disse: "Neste vasto domínio do serviço, a história de dois mil anos da Igreja, por todos os seus condicionamentos históricos, experimentou verdadeiramente o 'gênio da mulher'. Do coração da Igreja surgiram mulheres do mais alto calibre que deixaram marcas impressionantes e benéficas na história". Indo mais longe, o santo padre fez menção à grande linha de mulheres mártires, santas e místicas famosas, como Santa Catarina de Sena e Santa Teresa de Ávila, a quem o Papa Paulo VI, de feliz memória, concedeu o título de Doutora da Igreja. Na mesma linha, há muitas mulheres, inspiradas pela fé, que foram responsáveis por iniciativas de extraordinária importância social, especialmente no serviço aos mais pobres entre os pobres. Assim, a vida da Igreja no Terceiro Milênio certamente não faltará na nova e surpreendente manifestação do "gênio feminino" (JOÃO PAULO II, *Carta às mulheres*). É desnecessário mencionar nomes de mulheres nigerianas que se distinguiram em diversas funções na Igreja.

4 Mulheres na história da Igreja na Nigéria

O cristianismo chegou à Nigéria já no século XV, com os exploradores portugueses e seus missionários. Embora essa primeira tentativa não tenha tido sucesso, no século XVII o cristianismo na forma do catolicismo se estabeleceu por meio dos esforços da Sociedade de Missões Africanas – SMA (BARRETT, 2001, p. 549). A noção de enviar mulheres missionárias para a África Ocidental foi concebida pelos padres da SMA como resultado da frustração encontrada em seus esforços para se aproximar de mulheres e crianças (OLA SISTERS,

2018, p. 7). Isso foi seguido pela chegada das Irmãs Franciscanas da Propagação da Fé em Port-Novo (1867) e, posteriormente, em Lagos. Esse grupo de mulheres missionárias trabalhou na Nigéria até que o primeiro grupo de Irmãs da OLA, fundado em 1876, chegou a Lagos (OLA SISTERS, 2018, p. 10-11). Durante os anos seguintes, vemos um rápido crescimento e desenvolvimento da Igreja na Nigéria.

Hoje, a Igreja na Nigéria é uma das mais vibrantes da África, conforme é indicado pelo *boom* ministerial que está experimentando atualmente. Do lado católico, muitos jovens, homens e mulheres, estão abraçando a vida religiosa de consagração, enquanto numerosos ministros da Igreja, masculinos e femininos, estão sendo igualmente criados, entre outras denominações. Essa vitalidade da Igreja não pode ser atribuída somente aos homens, mas também às mulheres, que igualmente têm contribuído para esse crescimento. Quando os missionários cristãos chegaram em meados do século XIX, eles descobriram que o povo não sabia ler e escrever, portanto, introduziram a educação ocidental. O governo colonial estava interessado no comércio, mas deu algum incentivo no trabalho educacional que foi promovido em grande parte por missionários que trouxeram as religiosas para ensinar e trabalhar em hospitais. Desde então, as mulheres foram gradualmente autorizadas a desempenhar certos papéis na Igreja.

Nesta seção deste capítulo, vamos analisar a contribuição das mulheres em geral para o crescimento da Igreja na Nigéria, com especial referência à mulher religiosa na vida consagrada na Igreja Católica. Na história da Igreja na Nigéria, mulheres como Mary Mitchell Slessor, cuja intervenção impediu a morte de gêmeos na Nigéria; Mercy Amba Oduyoye, nascida em Gana, teóloga metodista na Nigéria e especializada em teologia da mulher africana e muitas outras, juntamente com a multidão das mulheres religiosas na vida consagrada, contribuíram para a vida e missão da Igreja.

5 Mulheres na liderança da Igreja

A crescente população de mulheres no ministério e na liderança da Igreja na Nigéria parece indicar uma recuperação gradual da identidade da mulher como *imago Dei*. Hoje, as mulheres receberam e estão assumindo papéis notáveis na Igreja, que incluem fundadoras de igrejas, ministras oficiantes, líderes de coro, e uma nova dimensão foi adicionada na forma da classificação emergente de grupos de mulheres, em solidariedade, e mulheres para ministério de mulheres como: As Filhas de Débora, Filhas de Sara, Mulheres da Graça, Mulheres de Fé e muito mais.

A Igreja Católica não faz distinção entre homens e mulheres leigos nos ministérios da Igreja na Nigéria. Atualmente temos mulheres em diferentes ministérios na Igreja como doutoras da Igreja, catequistas, coroinhas, conferencistas, ministras extraordinárias da Sagrada Comunhão, guardas da igreja e líderes em conselhos pastorais. Elas são formadas em várias sociedades, associações e organizações piedosas na Igreja: Mulheres Católicas, Mães Cristãs, Senhoras de São Mulumba e muitas outras. A esse respeito, os padres sinodais escreveram:

"Sem discriminação, as mulheres devem ser participantes da vida da Igreja, da consulta e do processo de tomada de decisões". E novamente: "As mulheres, que já ocupam lugares de grande importância na transmissão da fé e na oferta de todo tipo de serviço na vida da Igreja, devem associar-se na preparação de documentos pastorais e missionários e devem ser reconhecidas como cooperadoras na missão da Igreja na família, na vida profissional e na comunidade civil" (*Propositio* 47).

Embora a hierarquia da Igreja na expressão católica seja inteiramente masculina como resultado da restrição contra a ordenação de mulheres, a maioria dos católicos que participa do ministério leigo é de mulheres. Segundo Stewart, aproximadamente 85% de todos os papéis da Igreja que não exigem ordenação são desempenhados por mulheres (STEWART, 2008, p. 322). Portanto, não apenas as mulheres desempenham papéis vitais na Igreja como religiosas, elas também o fazem como membros leigos da Igreja. Segundo o Papa Francisco, "as mulheres têm uma capacidade única de compartilhar a fé católica por causa de sua propensão a experimentar o amor e compartilhá-lo com os outros" (NATIONAL CATHOLIC REPORTER, 2012). Ele diz ainda que as mulheres são impulsionadas pelo amor e sabem aceitar a proclamação da ressurreição com fé, como tal acreditam e a transmitem imediatamente aos outros. "As mulheres tiveram e ainda têm um papel especial em abrir portas para o Senhor, em segui-lo e comunicar seu rosto, porque os olhos da fé sempre precisam do olhar simples e profundo do amor", disse o papa. "Esta é a missão das mães e das mulheres, de dar testemunho a seus filhos e netos de que Cristo ressuscitou" (NATIONAL CATHOLIC REPORTER, 2012). Não pode haver nenhum papel mais digno para as mulheres. Portanto, não se trata de ser ordenada.

Nesse sentido, o Código de Direito Canônico Revisado contém muitas disposições sobre a participação da mulher na vida e missão da Igreja: são disposições que devem ser mais conhecidas e, de acordo com as diversas sensibilidades da cultura e oportunidades em uma situação pastoral, ser realizadas com maior pontualidade e determinação (JOÃO PAULO II, *Christifideles laici*). Na área mais específica da evangelização e da catequese, o trabalho particular da mulher na transmissão da fé, não só na família, mas também nos diversos ambientes educativos, deve ser mais fortemente fomentado (JOÃO PAULO II, *Christifideles laici*). Ou seja, suas capacidades, no que diz respeito à missão da Igreja, nunca devem ser minadas. Além disso, o Papa João Paulo II convida os sacerdotes e todos os interessados a relerem *Mulieris dignitatem* e refletirem sobre os importantes papéis que as mulheres desempenharam em suas vidas como mães, irmãs e colegas de trabalho no apostolado (JOÃO PAULO II, *Carta às mulheres*). Tradicionalmente, as mulheres têm cumprido papéis de apoio no serviço da Igreja.

6 Mulheres religiosas na Nigéria

As religiosas são mulheres que, por meio da profissão dos Conselhos Evangélicos, separaram suas vidas para o serviço a Deus e a seu povo (Can. 573). Atualmente, na Nigéria, temos a presença de numerosas instituições e comunidades religiosas espalhadas por todo o país, que realizam diferentes apostolados e projetos com um determinado carisma para ajudar na difusão do Evangelho de uma forma que visa, em última instância, dar testemunho de Cristo por seu modo de vida. As mulheres religiosas contribuíram para a mudança ontológica da sociedade e para a vitalidade da Igreja. A fim de tornar sua participação mais eficaz, as religiosas se reuniram num espírito de amor e unidade para formar uma conferência que promove o trabalho de evangelização e presta serviços humanitários[50]. Elas contribuíram em pensamentos e práticas para que a sociedade pudesse se tornar mais humana e sagrada. De acordo com os registros da Conferência das Religiosas da Nigéria (NCWR), existem 68 congregações oficialmente reconhecidas e registradas operando na Igreja na Nigéria. Dessas 68, sete são Freiras da Ordem Monástica. Seus apostolados compreendem a evangelização e a catequese, o cuidado com os deficientes e inválidos, a gestão escolar, a gestão hospitalar, além das exigências de sua vocação.

A educação dos jovens tem sido um ministério importante para as mulheres católicas nos institutos religiosos. Muitas das escolas católicas na Nigéria estão sendo administradas por religiosas que inculcam nas crianças não apenas bons conhecimentos, mas também uma boa educação moral em áreas que são tanto físicas quanto espiritualmente enriquecedoras. A esse respeito, as palavras do Papa João Paulo II são muito instrutivas:

> Manifesto meu apreço às mulheres que estão envolvidas em diversas áreas da educa-

---

50. *Catholic Church in Nigeria* (Wikipedia).

> ção que vão muito além da família: escolas de vários níveis, agências de serviço social, paróquias, associações e movimentos. Onde quer que o trabalho de educação seja exigido, podemos notar que as mulheres estão sempre prontas e dispostas a se entregarem generosamente aos outros, especialmente ao serviço dos mais fracos e indefesos. Neste trabalho, elas exibem uma espécie de maternidade eficaz, cultural e espiritual que tem um valor inestimável para o desenvolvimento dos indivíduos e para o futuro da sociedade (JOÃO PAULO II, *Carta às mulheres*).

Além disso, ele mencionou o testemunho de tantas mulheres católicas e congregações religiosas de mulheres de todos os continentes que fizeram da educação, particularmente a educação de meninos e meninas, seu principal apostolado. Também são dignas de nota todas as mulheres que trabalharam e continuam a trabalhar na área da saúde. Muitas paróquias têm mulheres associadas às pastorais, geralmente freiras ou irmãs religiosas que ajudam o pároco em muitas tarefas espirituais e pastorais. Elas ajudam no ensino do catecismo e na preparação dos catecúmenos para a recepção dos sacramentos.

O impacto das mulheres religiosas pode ser considerado à luz de seu apostolado específico. Elas tiveram tanto impacto na Nigéria, em geral, por serem sinais do amor terno de Deus para com a humanidade e deram um testemunho especial do mistério da Igreja. As mulheres religiosas trabalharam tanto para impactar os valores humanos básicos que incomodam principalmente a dignidade humana e a dignidade do trabalho no sistema nigeriano. Muitos dos institutos religiosos femininos administram orfanatos e lares de bebês sem mãe e lar para os despossuídos. Elas também se dedicam ao apostolado prisional.

Um dos maiores impactos das mulheres religiosas na Nigéria é no campo da educação. A maioria das mulheres religiosas na Nigéria assumiu a responsabilidade de melhorar o padrão de educação. Muitos dos grupos religiosos femininos na Nigéria estabeleceram escolas, em diferentes níveis, desde instituições primárias a terciárias, e asseguram a oferta de educação padrão e de qualidade ao povo. As mulheres religiosas na Nigéria tiveram tanto impacto no setor da saúde. Muitas religiosas fornecem serviços de saúde; disponibilizando instalações de saúde, especialmente para lugares remotos, onde há pouca ou nenhuma esperança de que isso ocorra. Elas tiveram um impacto notável nessa área ao reduzir a taxa de mortalidade no país. Por fim, as mulheres religiosas têm contribuído muito para promover o ecumenismo na Igreja na Nigéria, com seus serviços individuais e comunitários indiscriminados para todos e diversos em seu campo de missão, independentemente de sua denominação ou religião.

Se as mulheres na Nigéria têm sido capazes de desempenhar os diferentes papéis apresentados acima, é simplesmente porque elas, como indígenas, têm sido capazes de oferecer alguma resistência à discriminação contra elas e de se impor na teologia feminista.

7 Teologia feminista

A feminilidade é um presente para a humanidade, no sentido de que as mulheres estão presentes no mistério de uma nova vida e têm sido uma fonte de força para os homens lutarem até o fim e conservarem a missão que lhes foi confiada desde a origem. As mulheres têm um grande dom de intuição e, por meio dela, podem salvar a paz mundial. A "feminilidade" de Maria, a Mãe de Cristo, foi colocada a serviço de Deus. O papel que ela desempenhou na história da salvação exalta a dignidade da mulher e é uma fonte de edificação para todas as mulheres.

As mulheres têm o desejo e a responsabilidade de fazer seu próprio pensamento e de dizer suas próprias palavras sobre Deus, bem como sobre outras preocupações religiosas e culturais (ODUYOYE, 2001, p. 10). Os escritos de algumas teólogas na África forneceram uma rica fonte da visão da mulher como vivida na África, fornecendo assim às teólogas outras perspectivas sobre o contexto no qual elas teologizam.

A abordagem de fazer teologia por mulheres na África é mais perspectiva do que analítica e crítica. A abordagem é a do diálogo, uma vez que as mulheres buscam afirmações, questionam continuamente a tradição diante dos desafios contemporâneos e lutam para dar sua própria contribuição para a criação de teologias que respondam às demandas da espiritualidade. Há pouca refutação e apologética a ser extraída da teologia das mulheres africanas. O que está presente são declarações de fé e a base para tais afirmações.

A teologia da mulher africana é construída em seu próprio ritmo a partir de seu próprio lugar e retrata suas prioridades e perspectivas. Em sua teologia, tem havido uma ênfase na sobrevivência, pois elas têm que viver para que possam estar presentes nesta vida para lutar, para revelar a mão de Deus em suas vidas e nas realidades da África. No contexto nigeriano, existe até mesmo uma luta pelo reconhecimento. As mulheres africanas não estão apenas olhando para seu próprio contexto, mas também voltaram sua atenção para a hermenêutica bíblica e cultural. A hermenêutica cultural permite às mulheres ver a Bíblia através dos olhos africanos e distinguir e extrair dela o que é libertador (ODUYOYE, 2001, p. 11).

Segundo a narrativa sacerdotal em Gênesis, "Deus criou o ser humano à sua imagem [...] homem e mulher Ele os criou" (Gn 1,27). Ele lhes deu poderes iguais para dominar todas as outras criaturas e não uns aos outros (cf. Gn 1,28-29). Deus disse: Não é bom que o homem esteja sozinho. Ele, portanto, procurou uma ajudante para o homem, uma ajudante que pudesse olhar nos olhos do homem, uma ajudante correspondente, igual na natureza, mas diferente. Segundo a narrativa do Gênesis, Deus fez o homem adormecer e tomou o osso mais importante do corpo, a costela, e com esta Deus criou a mulher. Isso é muito simbólico; a mulher veio do lado de Adão e não da cabeça ou dos pés, portanto, seu lugar é ao lado de Adão e não abaixo ou acima de Adão. Quando *Ish* viu essa *Isha*, ele disse, isto é osso do meu osso.

Essa é a ordem na qual Deus queria que o homem e a mulher vivessem, mas como resultado do pecado essa ordem foi mudada pelo homem que iniciou o domínio sobre sua mulher, e a partir daquele momento ambos precisavam ser redimidos. Essa redenção surgiu em Cristo, que restabeleceu o equilíbrio original da obra de

Deus por meio da libertação. A cultura em que Jesus viveu considerava as mulheres inferiores aos homens, mas Cristo mudou tudo isso. Sua atitude elevou o *status* da mulher. Ele as acolheu no rebanho de seus discípulos, permitiu que elas se sentassem a seus pés para ouvir suas palavras. "Não pode haver nem homem nem mulher, pois todos vocês são um em Cristo" (Gl 3,28).

Ser homem e ser mulher reflete a sabedoria e a bondade do Criador. A complementaridade entre o homem e a mulher não se traduz facilmente em ação. É uma complementaridade que se caracteriza por igual dignidade, porque ambos são criados à imagem e semelhança de Deus (cf. Gn 1,27); "osso dos meus ossos, carne da minha carne" (cf. Gn 2,23). A mulher não é uma criatura do homem, mas de Deus, a imagem de Deus. Essa mesma complementaridade é caracterizada por uma diferença significativa. A mulher não é uma réplica do homem, ela é diretamente do gesto criativo de Deus. Há uma diferença de harmonia. Há uma certa eminência, pois o homem foi criado antes da mulher, mas isso não indica a soberania do homem sobre a mulher. Há uma complementaridade relacional. É uma complementaridade com a relação sinergética. A Adão faltava algo para alcançar sua plenitude, faltava-lhe reciprocidade. Os dois devem se tornar um só.

As mulheres têm desempenhado papéis importantes na história e ainda são capazes de fazê-lo. Em Israel, elas foram capazes de influenciar de forma decisiva a ordem dos acontecimentos históricos. Na Igreja, em diferentes épocas e entre diferentes pessoas, podemos encontrar algumas mulheres que participaram da missão da Igreja de uma forma muito significativa. Além dos doze apóstolos, Jesus teve um grupo de mulheres que o ajudaram em seu ministério (cf. Lc 24,1-10). Ele fez das mulheres as "primeiras anunciadoras" da Boa-nova de sua Ressurreição (cf. Mt 28,8). Vemos a perseverança, resiliência e resistência das mulheres quando os apóstolos abandonaram o Senhor. As mulheres foram colaboradoras com os apóstolos na difusão da Boa-nova. O testemunho dos apóstolos deu à luz a Igreja enquanto as mulheres alimentavam a fé dessa comunidade. Temos Santa Catarina de Sena, Santa Teresa do Menino Jesus e Santa Madre Teresa de Calcutá. A história da Igreja Católica não estaria completa sem a referência ao papel desempenhado por Catarina de Sena. Esses poucos exemplos criam a consciência do papel essencial e decisivo que as mulheres podem assumir para a vocação divina.

A mulher deveria conhecer a importante estrutura de seu carisma e sua vocação ministerial particular na Igreja e desenvolvê-la de acordo com todas as qualidades que Deus lhe deu como mulher. Portanto, as mulheres estão se destacando em diferentes áreas da vida social e religiosa para provar sua igualdade com os homens.

Conclusão

No passado, antes do Concílio Vaticano II, a Igreja tinha uma atitude exclusivista em relação às mulheres. Era uma atitude quase antagônica. As mulheres eram subestimadas, não tinham lugar e papéis delimitados a desempenhar na Igreja e dificilmente eram reconhecidas. O Concílio Vaticano II começou a explorar como as mulheres poderiam ser incorporadas à Igreja. Atualmente, na Nigéria, a atitude da Igreja em relação às mulheres é a de "queremos você, mas não sabemos realmente por que queremos você". Podemos trabalhar juntos lado a lado, mas não estamos conectados. As mulheres não são bem reconhecidas, remuneradas e apreciadas abertamente pelo que fazem na Igreja, são apenas admiradas pelos serviços que prestam.

Há, por outro lado, muitos passos positivos que resultam de uma releitura da Escritura e da teologia. A Igreja não é mais tão fechada como antes no que diz respeito às mulheres. Há agora aberturas para elas na Igreja, como: coroinhas, leitoras e conferencistas. As mulheres ensinam no seminário na Nigéria, mas o seu papel no seminário não está bem-definido. Os homens no sistema têm medo de nomear o que elas são e o que estão fazendo. As mulheres que estão ensinando no seminário são formadoras ou não? É necessário que a Igreja defina o papel da mulher na formação sacerdotal e na formação espiritual. Há muitas mulheres que são altamente qualificadas no mundo acadêmico, mas que são marginalizadas na hora da tomada de decisões na Igreja e na sociedade. Isso levanta outra questão: Por que as mulheres não podem ocupar certos postos ou cargos administrativos na Igreja e em suas instituições?

A partir do exposto, pudemos estabelecer que na história da Igreja as mulheres desempenharam diversos papéis e, por meio deles, a Igreja tem afetado as atitudes da sociedade em relação às mulheres em todo o mundo de maneira significativa. Em poucas palavras, as mulheres servem à Igreja de várias maneiras. Os papéis de homens e mulheres na Igreja são mais claramente estipulados do que no mundo secular. Para esse efeito, o Santo Papa João Paulo II, em sua exortação apostólica pós-sinodal *Vita consacrata*, diz: "A Igreja revela plenamente a sua variada riqueza espiritual quando supera toda discriminação e acolhe como uma verdadeira bênção os dons prodigalizados por Deus tanto sobre os homens quanto sobre as mulheres, considerando-os em sua igual dignidade" (JOÃO PAULO II, *Vita consacrata*, p. 96-97). As mulheres têm direitos iguais aos dos homens na Igreja. No matrimônio, elas devem ser tratadas e consideradas como parceiras plenas e iguais a seus maridos.

De acordo com as disposições da lei canônica, pessoas leigas, como as mulheres, podem ser admitidas em certos cargos eclesiásticos e funções que lhes permitem prestar assistência ao pároco (CIC, 228). Como tal, as mulheres podem ajudar na administração da paróquia sendo constituídas como membros de comitês e conselhos. Elas podem trabalhar nos escritórios paroquiais, ensinar educação religiosa e assim por diante, assim como seus colegas masculinos. Sobre o papel intelectual, a Igreja tem mulheres, tanto leigas como em ordens religiosas, que são teólogas, estudiosas das Escrituras e canônicas em toda a Nigéria. A primeira mulher africana estudiosa das Escrituras é nigeriana, na pessoa da Irmã Dra. Mary Jerome Obiora. Desde que a Igreja permitiu aos bispos locais e pastores a opção de permitir a presença de coroinhas femininos na missa, muitas paróquias agora têm tanto coroinhas femininos quanto masculinos.

A Igreja, com toda sinceridade, deve apreciar o papel insubstituível que as mulheres desempenham nela, e assim encorajá-las a serem mais comprometidas com a sua missão. Se você percorrer as igrejas na Nigéria em um domingo para fazer o censo de comparecimento, perceberá que a população de mulheres é muito maior do que a dos homens. As mulheres são chamadas donas de casa, provavelmente porque elas se preocupam com o lar e a cozinha como seu espaço. Seguindo esse raciocínio, podemos igualmente dizer que as mulheres são donas da Igreja na Nigéria e, em outros lugares do mundo, porque são a maioria em todas as igrejas. As mulheres são os pilares da Igreja, sem os quais esta entrará em colapso porque são elas que cuidam e preparam os seus membros. Elas a constroem silenciosamente, sem serem notadas. As mulheres são conhecidas por sua dedicação na Igreja, onde frequentemente são a maioria no coro. O valor e a importância das mulheres na Igreja não são mensuráveis. De acordo com o relatório demográfico do primeiro trimestre de 2019 da ONU, dos 7,8 bilhões de pessoas no planeta, as mulheres são 5,6 bilhões, enquanto os homens são 2,2 bilhões; portanto, se você remover o papel das mulheres na Igreja, haverá escassez de mão de obra.

Independentemente de tudo o que identificamos como papéis que as mulheres desempenharam e estão desempenhando na Igreja, não há dúvida de que ainda existe uma sutil discriminação de gênero tanto na sociedade quanto na Igreja. Por exemplo, na maioria dos casos, as mulheres têm apenas dois papéis a desempenhar: professoras e assistência a um homem em qualquer papel nas instituições da Igreja e, muitas vezes, não como chefe. Parece que as mulheres não fazem nada mais do que o papel de preencher, e essa é a razão pela qual as mulheres querem ter mais relevância na Igreja.

Entre as mulheres há um desejo de promover o seu envolvimento na Igreja porque estamos convencidas de que as mulheres têm muito potencial e têm muito a dar. Estamos convencidas de que temos direitos iguais aos dos homens na sociedade e na Igreja. Estamos mais convencidas da reciprocidade e complementaridade entre homens e mulheres na Igreja e, igualmente, de que a colaboração entre homens e mulheres poderia ser tão maravilhosa, porque somos diferentes e temos diversos dons que poderiam ser aproveitados para o crescimento da Igreja. Portanto, devemos trabalhar juntos a fim de nos complementarmos uns aos outros. Isso será visível quando eu reconhecer minha diferença e o outro também reconhecer que eu sou diferente e ambos somos capazes de nos respeitar como iguais, sabendo que ser mulher ou homem não faz um inferior ou superior ao outro. Nem as mulheres estão pedindo para dominar o outro ou aceitando que o outro as domine, já que a mulher é criada do lado do homem, então deve estar ao lado do homem. As mulheres não estão pedindo por um feminismo que domine os homens, mas que exija colaboração e complementaridade. Quando juntos como homem e mulher percebemos a Unidade de Deus, a plenitude da pessoa humana, então nos tornamos plenamente mulher, plenamente homem e plenamente humanos.

Ainda há algumas dificuldades a serem superadas para que uma verdadeira colaboração aconteça, tais como: não aceitação do outro, falta de respeito pelo outro, a convicção masculina de ser superior ao outro; algumas crenças culturais também criam dificuldades, medo das mulheres e não saber como lidar com uma mulher na Igreja, não saber a sensibilidade diferente em mulher/homem. Finalmente, há uma preocupação na área da formação sacerdotal: se o padre não souber falar respeitosamente com uma mulher, não será capaz de comunicar isso aos seminaristas que está formando. Podemos construir uma colaboração eficaz e respeitosa quando começamos a eliminar todas essas dificuldades no caminho. Não estamos promovendo um movimento feminista na Igreja, mas sim um movimento em favor das mulheres. Uma bela relação já está evoluindo entre as mulheres e a Igreja, na Igreja, e poderia ser melhor no futuro para a futura Igreja.

Referências

ABDUL, M.M. *et al*. *Analysis of the history, organisations and challenges of feminism in Nigeria*. Spanish Agency for International Cooperation Development and Fundación Mujeres, 2011.

BARRETT, D.B. *"Nigeria" in World Christian Encyclopedia*. Oxford: Oxford University Press, 2001.

Code of Canon Law, 1989.

HARRIS, E. *Living faith*. 2017. Disponível em: http://www.catholic.org – Acesso em: 16 out. 2019.

JOÃO PAULO II. *Carta apostólica Mulieris dignitatem*. Sobre a dignidade e a vocação da mulher. 15 ago. 1988.

JOÃO PAULO II. *Exortação pós-sinodal Christifideles laici*. 30 dez. 1988.

JOÃO PAULO II. *Carta às mulheres*. 29 jun. 1995.

LABRIE, R. *The catholic imagination in American Literature*. Missouri: University of Missouri Press, 1997.

MARIA, K. *The role of women in the Church*. [s.d.] Disponível em: www.olrl.org/misc – Acesso em: 12 out. 2019.

MOWCZKO, M. The Twelve Apostles were all male. *Marg Mowczko*: Exploring the biblical theology of Christian egalitarianism, 2 mai. 2012. Disponível em: https://margmowczko.com/the-twelve-apostles-were-all-male/ – Acesso em: 9 jun. 2023.

MBITI, J.S. Flowers in the garden: the role of women in African religion. *Cahiers des Religions Africaines*, vol. 22, n. 43-44, p. 69-82, 1988.

NATIONAL CATHOLIC REPORTER. *Francis: women have special role in the Church*. 3 abr. 2012. Disponível em: http://www.ncronline.org/news/vatican/francis-women-have-special-role-church

ODUYOYE, M. *Introducing African women's theology*. Sheffield: Academic Press, 2001.

PAULO VI. Discurso do Comitê para o Ano Internacional da Mulher. 18 abr. 1975. *AAS* 67 (1975).

STEWART, C. *The Catholic Church: a brief popular history*. Estados Unidos: Saint Mary's Press, 2008.

WIKIPEDIA. *Catholic Church in Nigeria*. Disponível em: https://en.wikipedia.org/wiki/Catholic_Church_in_Nigeria

Parte II

Leitura bíblica na perspectiva da mulher negra/africana

VII

Mulheres ousam fazer releituras originais da Bíblia[51]

*Dra. Ir. Josée Ngalula**

Introdução

Em 2001, um grupo de teólogas africanas publicou um trabalho intitulado: "Outras formas de ler a Bíblia: mulheres africanas e a Bíblia" (cf. DUBE, 2001). Isso significa que há, de fato, tentativas de leituras originais da Bíblia por mulheres africanas.

Para que essa novidade seja percebida da melhor maneira, começarei por esclarecer a diferença entre o quadro geral constituído pelas "leituras femininas" da Bíblia e aquele específico das "leituras feministas" da Bíblia. Em segundo lugar, abordarei diretamente as leituras feministas africanas da Bíblia.

---

51. Texto publicado originalmente em francês: NGALULA, J. *Des femmes osent des relectures originales de la Bible*. In: *Des manières de lirela Bible: l'inépuisable richesse de la Bible*. Lubumbashi: Éditions Don Bosco, 2014, p. 185-206. Tradução do francês para o português por Dr. Leonardo Gonçalves de Alvarenga. E-mail: alvarengalg2@gmail.com

* Membro da Congregação das Irmãs de Santo André. Atualmente leciona em vários institutos teológicos no continente africano, é professora da Faculdade de Teologia na Universidade Católica do Congo e no Instituto Ecumênico Al Mowafaga, em Rabat, Marrocos. E-mail: ngalulajosee@yahoo.fr

1 Esclarecendo os conceitos: "leituras femininas" e "leituras feministas"

Nenhuma abordagem da Palavra de Deus é neutra: todos os crentes partem de seus respectivos contextos para dialogar com o conteúdo da revelação divina registrada na Bíblia: eles entendem Deus falando com eles "aqui e agora", e respondem a Ele a partir desse lugar preciso, para que a vida seja realmente iluminada pela relação com Deus. Um dos muitos lugares de onde a Palavra de Deus é ouvida é a experiência feminina. Terminologicamente, é importante fazer uma distinção clara entre "leituras femininas" da Bíblia e "leituras feministas" da Bíblia.

1.1 Leituras "femininas" da Bíblia: interesse renovado pelas mulheres na Bíblia

O meio florescente das leituras femininas da Bíblia é a tentativa de elaborar uma "teologia da mulher" ou "teologia feminina". Os protagonistas são mulheres ou homens que geralmente desejam valorizar as mulheres ou justificar uma ou outra prática secular da Igreja. Para chegar lá, todos são obrigados a fazer um desvio pela análise de textos bíblicos.

Constitui uma "leitura feminina" da Bíblia aquela que se faz a partir do lugar específico que é a experiência do questionamento e seus desafios atuais. As leituras femininas da Bíblia são geralmente sensíveis às histórias das mulheres na Bíblia, com base nas seguintes questões: o envolvimento das mulheres na história da salvação, as mulheres na Igreja, a imagem de Deus, a linguagem sobre Deus etc.

A grande novidade dessas leituras femininas é a seguinte: saímos do esquema tradicional que consistia em pensar a mulher a partir da tipologia fundamental "Eva (AT) – Maria (NT)", herdado do período patrístico, para nos interessarmos pela riqueza constituída pela própria diversidade de mulheres na Bíblia. Enquanto a tradição tem uma resposta pronta sobre a "mulher" no Novo Testamento voltada para a mariologia, France Quéré, por exemplo, ousa fazer perguntas sobre a mulher (no plural) nos evangelhos: "Não defendo a tradição e não sirvo a nenhuma revolução. [...] Eu questiono o Evangelho: Quem são as mulheres que Jesus encontra ali? Por que elas vêm a Ele? Que resposta Ele lhes dá? A que missão as destina e que esperança funda sobre elas?" (QUERE, 1982, p. 7-8). Gilberte Baril faz o mesmo em relação ao discurso sobre a Igreja (cf. BARIL, 1990), e Georgette Blaquière sobre a relação com Deus: "Não sou especialista em exegese, nem em teologia ou em sociologia. Nem sou uma feminista ativista, simplesmente uma mulher feliz [...] eu só quero compartilhar a leitura da Palavra de Deus que me foi dada" (BLAQUIÈRE, 2017, 1981).

Observe que às vezes acontece de homens lerem a Bíblia para mulheres. É o caso, por exemplo, de Henri Froment-Meurice, que parte das aspirações das mulheres de hoje: "Que este trabalho contribua para promover o lugar da mulher na Igreja hoje e, mais amplamente, nas *religiões*" (FROMENT-MEURICE, 2007; cf. tb. MOURLON-BEERNAERT, 1992; LACOQUE 1992). A encíclica *Mulieris dignitatem* de João Paulo II em 1988 insere-se parcialmente nessa dinâmica de leitura feminina da Bíblia.

O continente africano também tem algumas publicações no campo da leitura feminina da Bíblia, em particular a coleção "Bíblia e mulheres na África" (cf. seu blog *Collection "Bible et femmes en Afrique"*), iniciada por Josée Ngalula em 2003. Essa coleção revela que há mais de 250 mulheres mencionadas na Bíblia (cf. NGALULA; IKANGA, 2006), que a relação entre Jesus e as mulheres sofredoras de seu tempo dá particular razão para pensar (cf. NTUMBA, 2006) que o discurso bíblico sobre a paridade de gênero é original (cf. BUETUBELA, 2009), que o discurso bíblico sobre a violência sofrida ou exercida pelas mulheres é impactante (cf. KABASELE, 2006; NGALULA, 2005; NGALULA, 2008, p. 100-111) etc.

As leituras bíblicas das mulheres não inventaram uma nova hermenêutica: partindo das preocupações das mulheres de hoje, elas simplesmente se concentram nas mulheres da Bíblia, destacando a riqueza temática que brota da diversidade que caracteriza suas figuras e caminhos.

1.2 Leituras feministas da Bíblia: uma "hermenêutica da suspeita"

As leituras "feministas" da Bíblia têm como principal característica a novidade de sua "hermenêutica da suspeita", o que leva a criar novas formas de abordar o texto bíblico e seu conteúdo. Por um lado, suspeita-se que os homens não sejam sensíveis aos interesses das mulheres. Por outro lado, suspeita-se que a Bíblia seja objeto de instrumentalização masculina: embora inspirada pelo Espírito Santo, é fundamentalmente marcada por um androcentrismo que desvaloriza as mulheres. Pior ainda, a interpretação que se fez dela ao longo da história do cristianismo tem sido profundamente patriarcal. Daí a luta para que as próprias mulheres leiam a Bíblia e a interpretem por si mesmas, à luz de suas preocupações específicas, com grande liberdade[52].

Os primeiros vestígios de uma leitura feminista da Bíblia datam do final do século XIX, com o coletivo "*Bible des femmes*" (Bíblia da mulher) (cf. STANTON, 1993). O verdadeiro nascimento do que hoje se chama de "exegese feminista" ocorreu na década de 1970, quando o espírito crítico das feministas passou a esquadrinhar o texto bíblico questionando sistematicamente a relevância das grades de leitura das interpretações tradicionais e clássicas, suspeita de misoginia institucional.

Aqui, por exemplo, está a hermenêutica da suspeita aplicada a Ester 1,9–2,9. Enquanto a interpretação tradicional apresenta Ester como uma heroína que salvou seu povo, a abordagem da suspeita pressupõe que o discurso sobre essa mulher está a serviço dos homens: sua beleza é objeto de consumo do rei e, por influência de seu tio (um homem), sua beleza é uma ferramenta de sedução para manipular o rei e salvar seu povo.

A interpretação tradicional não se preocupa em nada com o que Ester sente em seu ser como mulher diante dessa objetificação de sua beleza. Além disso, faz-se a seguinte pergunta: "Como Ester se tornou rainha?" Lendo o texto mais de perto, percebemos que

---

52. Em 1854, Hannah Tracy Cutler proclamou: "Chegou a hora de as mulheres lerem e interpretarem as Escrituras por si mesmas" (GIBELLINI, 1994, p. 494).

chegou ao harém do rei como uma das muitas escravas sexuais, depois substituiu a repudiada Rainha Vasti. Por que ela foi repudiada? Ela desobedeceu ao marido, que lhe pediu que objetificasse sua beleza, vindo exibi-la diante de seus convidados, já bêbados após vários dias de festa.

Então a narrativa começa a ficar interessante para as mulheres de hoje, que vivem em uma sociedade na qual a beleza feminina é uma "coisa" para ser exibida na mídia, propagandas, *shows* etc. Então Ester 1,9–2,9 levanta várias questões: Vasti desobedeceu à ordem dada por um marido completamente bêbado; deve-se obedecer a uma ordem dada no inconsciente causada pela embriaguez? Uma rainha foi convidada a mostrar a beleza de seu corpo, na mesma linha da exibição da beleza dos pratos, versos, móveis etc. do reino: Um ser humano, além de uma rainha, pode ser colocado no mesmo nível dos objetos de sua casa?

Quanto mais se entra nos detalhes do texto, mais se começa a simpatizar com Vasti, porque sua recusa é de fato uma afirmação forte e pública da dignidade das mulheres. Quem merece ser parabenizado: Vasti, que se recusou a ser objetificada, ou sua substituta Ester, que entrará no jogo social da objetificação das mulheres pela obediência às ordens de seu tio para o prazer do rei? Vemos aqui como a hermenêutica da suspeita concentra-se em elementos do texto geralmente negligenciados em suas interpretações tradicionais[53].

---

53. Encontrar-se-á uma forma acadêmica dessa leitura atual nos círculos femininos, entre outros, em Madipoane Masenya (2005).

Diante da suspeita sobre a Bíblia e sua interpretação secular, as leituras feministas da Bíblia conhecem atualmente uma tendência moderada e outra radical. Dois grupos são encontrados na tendência moderada: os "revisionistas", que trabalham para demonstrar que há na Bíblia um discurso de valorização das mulheres; assim como os "criacionistas", que propõem textos sagrados alternativos valorizando as mulheres. Incluídos na tendência radical estão os "reconstrucionistas", que tentam reescrever a Bíblia a partir da perspectiva de mulheres marginalizadas e silenciadas, bem como os "rejeicionistas", que rejeitam totalmente a Bíblia.

Entre os moderados, um exemplo típico da dinâmica revisionista é o trabalho de Anne-Marie Pelletier sobre o cristianismo e as mulheres, cujo primeiro capítulo relê as Escrituras para "percorrer a história do nosso mundo europeu com suas obscuridades, mas também com seu progresso. [...] encontrar vestígios das mulheres cristãs que ali viveram, trabalharam ali, teciam a vida ali, talvez a um nível ordinariamente ignorado por um olhar masculino centrado em seus valores, mas que poderia, por outro lado, ser a verdade mais profunda da humanidade" (PELLETIER, 2001, p. 11; cf. tb. TUNC, 1989).

Um dos grandes frutos da pesquisa dos revisionistas é ter trazido à luz o fato de que é absolutamente necessário revisitar as traduções de Gênesis 2,21-24, bem como os comentários que foram feitos dentro da própria Bíblia (1Tm 2,12-13) e na história do cristianismo. De fato, a maioria das versões bíblicas traduziu, em Gênesis 1–2, os dois termos *ādām* (ser humano, então nome próprio em certas passagens) e *ʾîš* (ser humano masculino) por "homem". A consequência é que quase todos os leitores e ouvintes da Bíblia em línguas de origem latina têm a impressão de que o relato bíblico da criação em Gênesis 2 coloca o ser humano masculino no centro: seria criado primeiro, depois a mulher; que dele foi feita, segundo ele e para ele. E é a partir desse entendimento que interpretamos todo o restante dos textos que falam das relações homem-mulher.

Então, as feministas especialistas na Bíblia fazem esta pergunta: "Você tem certeza de que o que infere e prega é o que foi realmente dito nas Escrituras?" Quase todas voltaram aos originais hebraicos e gregos, para demonstrar que os textos dão uma impressão completamente diferente. De fato, no texto massorético, a pessoa que foi adormecida não era um cavalheiro/senhor (´îš), mas o ser humano sexualmente não identificado (= *l'ādām*). Então a costela não foi removida de ´îš, mas de "*l'ādām*", de modo que ´îš e ´îšha só começam a existir após o despertar! Mostraram também as dificuldades ligadas às variantes dos manuscritos e à tradução da LXX, a ponto de 1 Timóteo 2,12-13 parecer ter sido inspirado em uma versão diferente da LXX, por não ser uma ´îšha (nome genérico) que foi formada a partir da costela, mas uma Eva (nome próprio!). Tudo isso para pedir que não simplifiquemos muito rapidamente as afirmações bíblicas, que são mais complexas do que pensamos.

Aparentemente, o Papa João Paulo II estava ciente desses avanços na exegese quando fez, durante uma audiência pública, este comentário sobre a criação da mulher em Gênesis 2: "[...] o homem (*'adam'*) cai neste 'torpor' para despertar o homem e a mulher [...] para que, por iniciativa criadora de Deus, o 'homem' solitário possa ressurgir na sua dupla unidade masculina e feminina" (JOÃO PAULO II, *La création de la femme*, p. 1.017).

A grande figura da tendência reconstrucionista é Elisabeth Schüssler Fiorenza, com a sua obra emblemática *Em memória delas*, cujo objetivo é:

> [...] reconstruir a história cristã primitiva como história das mulheres para, não só restaurar histórias que se relacionam com as mulheres na história cristã primitiva, mas também para restaurar a verdade dessa história como a história das mulheres e dos homens. Assim, me situo não apenas como historiadora feminista, mas também como teóloga feminista. [...] até que as histórias e a história das primeiras mulheres cristãs sejam conceituadas teologicamente como parte integrante do anúncio do Evangelho, as tradições e os textos bíblicos formulados e codificados pelos homens continuarão sendo uma fonte de opressão para as mulheres (FIORENZA, 1986, p. 13).

Essa reconstrução também afeta a imagem de Deus na Bíblia e a linguagem cristã sobre Deus, como evidencia a pesquisa de Elisabeth Johnson (JOHNSON, 1996) e Virginia Ramey Mollenkott: "[...] Ao colocar a Escritura em seu contexto, percebe-se que a ideia de igualdade e reciprocidade entre homem e mulher a perpassa do início ao fim" (RAMEY MOLLENKOTT, 1990, p. 18-19). Neste capítulo, quero apenas aprofundar um dos meios que a Bíblia usou para apoiar a igualdade dos sexos e seus laços de reciprocidade: as representações femininas de Deus nos livros sagrados do judaísmo e do cristianismo.

2 Leituras feministas desenvolvidas por exegetas africanas e estudiosas bíblicas

Pelo menos duas características principais diferenciam as feministas africanas das feministas ocidentais. Em primeiro lugar, sua abordagem inclusiva: o olhar feminino não se concentra apenas nos interesses das mulheres, mas está atento à libertação de todos, mulheres e homens, para seu pleno desenvolvimento como criaturas de Deus salvas em Jesus Cristo. É por isso que as feministas africanas lidam com todos os problemas sociais que incomodam esse continente. Em segundo lugar, as feministas biblistas africanas optaram por ouvir leituras populares da Bíblia, especialmente as de mulheres, e integrá-las à reflexão teológica acadêmica.

Depois de dar um exemplo de uma leitura feminista africana não acadêmica, apresentarei as contribuições de duas figuras representativas das leituras feministas da Bíblia nesse contexto africano: Madipoane Masenya e Musa Dube, ambas professoras de Bíblia na universidade.

2.1 Exemplo de uma leitura feminista popular da Bíblia

No relato de Gênesis 19,1-26 sobre Sodoma e Gomorra, as interpretações clássicas geralmente insistem em duas figuras negativas: por um lado, a imoralidade generalizada entre os habitantes de Sodoma e, por outro, a desobediência da esposa de Ló, o que lhe valeria o castigo exemplar de se tornar uma estátua de sal. Aqui está uma leitura feminista africana dessa história, que testemunhei em um grupo de mulheres compartilhando a Palavra de Deus[54].

Perguntamo-nos sobre o comportamento de Ló em relação às suas próprias filhas, bem como os critérios de Deus para punir as pessoas. De fato, diante dos habitantes de Sodoma "desencadeados sexualmente" contra os visitantes de Ló, este último tem a curiosa ideia de oferecer suas próprias filhas para um estupro coletivo (portanto, uma verdadeira "carnificina erótica") a esse bando de violentos excitados e furiosos. Isso, enquanto as meninas não lhes interessavam nada!

Como pode um pai pensar em expor suas próprias filhas a tal grau de violência, apenas para que seus visitantes não sejam tocados? Ele não tem coração e coragem? Ou então para ele suas filhas não são seres humanos? E ali, diante desse coração duro e insensível de Ló por suas próprias filhas, Deus não reage! Mas quando a esposa de Ló se vira para ver o povo de Sodoma queimar, há uma reação imediata! Que desproporção!

Quando você é uma mulher africana, pode imaginar por que a esposa de Ló não pôde deixar de se virar: Não foi por compaixão pelas pessoas que estavam queimando? De fato, quem é essa mulher que carregou a gravidez três vezes, experimentou as dores do parto e que sairá silenciosamente de Sodoma pensando apenas em si mesma e em sua família, sem pensar nos vizinhos que estão queimando? Como sua cabeça ficará tranquila, sem

---

54. A experiência aconteceu em 2001, em um encontro de mulheres em Yaoundé.

olhar para trás, com compaixão pelas pessoas com quem ela conviveu e que estão queimando no fogo agora? Esse comportamento deve ser punido?

E então, quando se olha o texto mais de perto, uma pergunta fundamental merece ser feita: É a Bíblia que sugere que foi um castigo divino, ou os comentários bíblicos? Porque, de fato, o texto não usava o vocabulário da sanção divina: simplesmente diz que ela se tornou uma estátua de sal. No entanto, notamos que a Bíblia dá um valor positivo ao sal, a ponto de Cristo dizer que os cristãos devem ser "sal da terra". Então, tornar-se um bloco de sal na entrada de uma cidade destruída é um símbolo positivo ou negativo? A esposa de Ló foi castigada ou se tornou um monumento permanente que marcará com o sabor da compaixão essa cidade destruída pelo mau cheiro do pecado social?

2.2 Uma contribuição de Madipoane Masenya

Madipoane Masenya deseja ir além das abordagens feministas ocidentais, porque acredita que os problemas da África estão em outro plano. De fato, ela observou que os métodos de leitura da Bíblia herdados do Ocidente ou da era do *apartheid* ensinam os africanos a se concentrarem em problemas vindos do Ocidente e estranhos aos desafios que vivenciam no dia a dia. Isso os torna estranhos à sua própria história e à sua própria identidade! É ao observar mulheres pobres lutando pela sobrevivência cotidiana que ela descobre um método mais relevante para todos os africanos: primeiro leem a Bíblia por si mesmos, fazendo-a dialogar com seu cotidiano; e essa forma de ler a Bíblia os ajuda a se libertar dos estereótipos que internalizaram da cultura tradicional, do colonialismo, do *apartheid*, do sexismo, da pobreza. Isso, portanto, lhes dá poder real para transformar seu destino e sua sociedade. É a "leitura *bosadi* da Bíblia" (a palavra *bosadi* significa "feminilidade" na língua local) (cf. MASENYA, 1995; 1997; 2001).

Aqui está uma aplicação em Provérbios 31,10-31. Enquanto a interpretação tradicional enfoca a força e o mérito da mulher de acordo com o benefício que seu marido extrai dela, a "leitura *bosadi* da Bíblia" traz o seguinte: por causa da história do país, a maioria das mulheres sul-africanas que são donas de casa o faz no contexto de uma família monoparental. Portanto, a descrição de Provérbios 31 e suas interpretações tradicionais são elitistas e quase idílicas, pois apresentam um casal estável, tendo filhos próprios e muita riqueza administrada pela dona da casa. Em vez de energizar as mulheres em suas vidas cotidianas, essa passagem as distrai de sua realidade, para fazê-las sonhar com um ideal feminino impossível em sua sociedade pós-*apartheid*. Desse ponto de vista, a interpretação tradicional dessa passagem é subversiva para essas mulheres pobres responsáveis por famílias monoparentais na África do Sul. Ao ler esse texto, essas mulheres não se sentem tão preocupadas com essa passagem da Palavra de Deus (cf. MASENYA, 1995, p. 150-151).

2.3 Contribuições de Musa Dube

Musa Dube defende um feminismo típico da África, porque acredita que as feministas ocidentais estão focadas apenas contra o machismo, enquanto a África tem outras questões. A vulnerabilidade das mulheres africanas passa pela pobreza que afeta seu ambiente, guerras, várias pandemias, todas as estruturas de morte que afetam suas sociedades. E isso, além do patriarcalismo. Daí a sua opção por uma "interpretação pós-colonial da Bíblia", que consiste em ler um texto bíblico estando particularmente atentas às relações colonizadores-colonizados e às estruturas imperialistas. Isso, no sentido de trabalhar para corrigir suas próprias imagens e mentalidades, para sanar as identidades culturais feridas pela relação de forças envolvidas nas diferentes formas de colonização (cf. DUBE, 1997, p. 11-26).

Em sua interpretação dos livros de Êxodo e Josué, por exemplo, Musa Dube observa que a maioria dos teólogos da libertação se concentra na libertação dos escravos. Mas o prisma de uma interpretação pós-colonial da Bíblia mostra outros aspectos. Há, antes de tudo, a relação dos hebreus com o Egito: o povo que é oprimido no Egito sofre, mas apoia sem se revoltar, e assim colabora de certa forma em sua opressão. É importante que ele seja "curado" dessa concepção fatalista da realidade, da imagem negativa que tem de si mesmo por causa da opressão no Egito. Depois, há a relação dos hebreus com os povos que vivem na "Terra Prometida": é importante descobrir que se pode ser cúmplice da própria opressão, há uma dinâmica de inversão de papéis porque os ex-oprimidos libertados do Egito por Deus, por sua vez, tornam-se opressores ao tomar a Terra Prometida. Deixam-se invadir por uma mentalidade imperialista e interesses econômicos que os empurram a desapropriar violentamente outros povos de suas terras, justificando-o como uma "vontade" de Deus. Portanto, é importante que eles se conscientizem disso e se "descolonizem" de sua mentalidade de conquistadores violentos (cf., p. ex., DUBE, 2005, p. 177-202).

Sobre a situação das mulheres africanas, Musa Dube defende que as histórias orais das mulheres lendo a Bíblia e deixando que ela instrua suas vidas sejam consideradas no espaço teológico. Daí sua proposta de estar atenta ao que ela chama de "espaço do espírito oral", que ela descobre em leituras populares femininas da Bíblia em seu país, Botsuana. Musa Dube aplica esse método de oralidade em suas próprias interpretações bíblicas. Por exemplo, ela interpreta a história da mulher que estava perdendo sangue em Marcos 5,24-43 usando uma forma de oralidade africana durante o funeral: a forma como uma jovem enterrada por seus amigos e que canta de dentro de seu túmulo a narrativa de sua história, a África narra a sua hemorragia. Isso consiste no fato de que, durante séculos, ela foi despojada de seus recursos e de sua dignidade pelas várias formas de colonialismo, bem como pela globalização (DUBE, 1999).

As mulheres africanas inspiram-se nas técnicas tradicionais da adivinhação, das quais uma das características fundamentais é o fato de o curandeiro tradicional reunir a comunidade para diagnosticar as causas de doença ou de morte, os lugares de conflitos ou feridas pessoais e comunitárias, a fim de propor vias de cura; contar as histórias de experiências e relê-las comunitariamente desempenha um papel preponderante. As mulheres membros das igrejas africanas independentes do Botsuana aplicam o mesmo método na sua leitura da

Bíblia: em vez das técnicas tradicionais utilizadas pelo adivinho, usam histórias bíblicas para ler e reinterpretar coletivamente as histórias de suas vidas. Dessa constatação, Musa Dube inventa um método de leitura e interpretação da Bíblia que ela chama de *"divining method of interpretation"*, que ela aplica na abordagem de problemas como a globalização, HIV/AIDS, os problemas específicos das mulheres (cf., p. ex., DUBE, 2000; 2001). Por exemplo, a "adivinhação" do encontro da mulher samaritana com Jesus em João 4,1-42 leva-nos a reler a história da gestão das muitas crises políticas e econômicas vividas pela África como a de uma mulher que conheceu, sem muito sucesso, as relações com os poderes políticos estrangeiros e locais. Daí a importância de uma descolonização das mentalidades (DUBE, 2001).

Conclusão

As leituras femininas da Bíblia não inventaram uma nova hermenêutica: limitam-se a focar as mulheres da Bíblia a partir das questões e desafios das mulheres de hoje. Revelam a grande riqueza constituída pela pluralidade de figuras femininas na Bíblia, bem como os novos temas e dinâmicas que daí decorrem para as relações dentro do cristianismo.

Por outro lado, as várias leituras feministas da Bíblia têm em comum o fato de terem ousado sair do caminho batido para iniciar uma nova hermenêutica. Em sua diversidade, as leituras feministas da Bíblia têm importantes contribuições positivas para a Igreja, em particular o fato de destacar os fundamentos bíblicos da dignidade da mulher, de corrigir certas interpretações bíblicas influenciadas pela mentalidade machista manipulando textos bíblicos para justificar a dominação do homem sobre a mulher, o rosto materno de Deus etc.[55] Por serem leituras contextuais da Bíblia, as feministas não fogem dos limites e possíveis riscos da instrumentalização da Bíblia para quem tenta esse tipo de abordagem[56]. Mas isso não diminui o mérito de sua audácia, especialmente a originalidade das mulheres africanas que valorizaram as leituras femininas populares da Bíblia.

Referências

BARIL, G. *"Féminité" du Peuple de Dieu. Actualité des symboles bibliques de l'Eglise Epouse et Mère*. Québec: Paulines et Médiaspaul, 1990.

BLAQUIÈRE, G. *La grâce d'être femme.* Paris: St Paul, 1981.

BLAQUIÈRE, G. *La grâce d'être femme.* Paris: St Paul, 2017.

BUETUBELA, P. *L'apôtre Paul et la femme*. Propos pauliniens sur la christianisation des rapports sociaux entre hommes et femmes. Kinshasa: Mont Sinaï, 2009.

Collection "Bible et femmes en Afrique". Disponível em: http://collbifea.blogspot.com/

DUBE, M.W. Toward a post-colonial feminist interpretation of the Bible. *Semeia*, n. 78, p. 11-26, 1997.

DUBE, M.W. Fifty years of bleeding: a storytelling feminist reading of Mark 5:24-43. *Ecumenical Review*, vol. 51, n. 1, p. 11-17, 1999.

---

55. Cf. n. 1 e 2 do documento da Comissão Bíblica Internacional sobre a "Interpretação Bíblica na Igreja".

56. Esses limites e riquezas foram bem analisados em Poucouta (2011).

DUBE, M.W. Divining texts for international relations: Matt. 15:21-28, *In*: KITZBERGER, I.R. (ed.). *Transformative encounters: Jesus and women reviewed*. Leiden: Brill, 2000, p. 315-328.

DUBE, M.W. (ed.). *Other ways of reading: African women and the Bible*. Atlanta: Society of Biblical Literature, 2001.

DUBE, M.W. John 4:1-42 – The five husbands at the well of living waters: the Samaritan woman and African women. *In*: DUBE, M.W.; NJOROGE, N.J. (eds.). *Talitha Cum! Theologies of African women.* Pietermaritzburg: Cluster, 2001, p. 40-65.

DUBE, M.W. Rahab is hanging out a red ribbon: one African woman's perspective on the future of feminist New Testament scholarship. *In*: WICKER, K. (ed.). *Feminist New Testament studies*: global and future perspectives. Basingstoke: Palgrave Macmillan 2005, p. 177-202.

FIORENZA, E.S. *En mémoire d'elle. Essai de reconstruction des origines chrétiennes selon la théologie féminist*. Paris: Cerf, 1986.

FROMENT-MEURICE, H. *Les femmes et Jésus*. Paris: Cerf, 2007.

GIBELLINI, R. *Panorama de la theologie au XXe siècle*. Paris: Cerf, 1994.

JOÃO PAULO II. La création de la femme. Audience générale du 7 novembre. *La Documentation catholique*, n. 1.775, 1.979.

JOHNSON, E.A. *She who is: the mystery of God in feminist theological discourse*. Nova York: Crossroad, 1996.

KABASELE, A. *Le viol de Tamar, la fille de David (2 Samuel 13): un récit biblique miroir de notre Société.* Kinshasa: Mont Sinaï, 2006.

KAPAMBU, N. *Femmes guéries et arrachées à la mort par Jésus*. Kinshasa: Mont Sinaï, 2006.

LACOQUE, A. *Subversives ou un pentateuque de femmes*. Paris: Cerf, 1992.

MASENYA, M. *Proverbs 31:10-31 in a South African context: a black (Northern Sotho) woman's reading*. American Academy of Religion / Society of Biblical Literature. [*s.l.*]: Scholars Press, 1995, p. 150-151.

MASENYA, M. The Bible and women: black feminist hermeneutics. *Scriptura*, n. 54, 189-201, 1995.

MASENYA, M. A Bosadi (womanhood) reading of Genesis 16. *American Academy of Religion / Society of Biblical Literature*, Scholars Press, 1997.

MASENYA, M. An Eco(bosadi) reading of Psalm 127. *In*: HABEL, N. (ed.). *The earth stories in the Psalms and the prophets*. Sheffield: Academic Press, 2001, p. 109-122.

MASENYA, M. Theirs hermeneutics was strange! Ours is a necessity! Reading Vashti in Esther1 as African women in South Africa. *In*: STICHELE, C.V.; PENNER, T. (eds.). *Her master's tools? Feminist challenges to historical-critical interpretations: global perspectives on biblical scholarship*. Atlanta: SBL, 2005, p. 179-194.

MOURLON-BEERNAERT, P. *Marthe, Marie et les autres. Les visages féminins de l'Evangile*. Bruxelas: Lumen Vitae, 1992.

NGALULA, J. *Dieu dénonce et condamne les violences faites à la Femme.* Kinshasa: Mont Sinaï, 2005.

NGALULA, J. Violences sexuelles faites à la femme. Qu'en disent les textes bibliques? *Telema*, n. 1-4, p. 100-111, 2008.

NGALULA, J.; IKANGA, J. *Ces femmes qui peuplent la Bible Anthologie des 250 femmes de la Bible*. Kinshasa: Mont Sinaï, 2006.

PELLETIER, A.-M. *Le christianisme et les femmes: vingt siècles d'histoire*. Paris: Cerf, 2001.

POUCOUTA, P. *Quand la parole de Dieu visite l'Afrique. lecture plurielle de la Bible*. Paris: Karthala, 2011.

QUERE, F. *Les femmes de l'Evangile*. Paris: Seuil, 1982.

RAMEY MOLLENKOTT, V. *Dieu au feminine: images féminines de Dieu dans la Bible*. Paris: Paulines/Le Centurion, 1990.

STANTON, E.C. *The woman's Bible*. Nova York: European Publishing Company, 1895-1898; Boston: Northeastern University Press, 1993.

TUNC, S. *Brève histoire des chrétiennes*. Paris: Cerf, 1989.

VIII

Feita da costela
Uma compreensão de Gênesis 2,18-24[57]

*MarySylvia Nwachukwu**

Introdução

Este trabalho foca dois assuntos. Primeiramente, fornece uma chave de compreensão do controverso texto de Gênesis 2,18-24, para que, em um segundo momento, seja possível explicar o objetivo do texto, que é discorrer acerca da identidade da mulher e seu papel para a família humana. O texto diz:

> O Senhor Deus disse: "Não é bom que o homem esteja só. Vou fazer uma auxiliar que lhe corresponda". O Senhor Deus modelou então, do solo, todas as feras selvagens e todas a aves do céu e as conduziu ao homem

---

57. Este texto foi publicado originalmente em NWACHUKWU, M. Made from a rib: an understanding of Gen 2,18-24. *A Journal of Bigard Memorial Seminary*, vol. 39, n. 2, p. 52-60, 2019. ISSN 2636-5928. A tradução para o português é de Cleusa Caldeira. E-mail: cleucaldeira@gmail.com

* Teóloga nigeriana, é irmã da Congregação das Filhas do Amor Divino. Doutora em Teologia Bíblica pela Pontifícia Universidade Gregoriana de Roma e licenciada (SSL) pelo Pontifício Instituto Bíblico. Desde 2002 leciona Teologia em instituições eclesiásticas terciárias e seminários. Atualmente é vice-chanceler adjunta da Universidade Godfrey Okoye, Enugu. Suas áreas de interesse de pesquisa incluem o Pentateuco, as Cartas de São Paulo e a teologia contextual. E-mail: nwachukwums@gmail.com

para ver como ele as chamaria: cada qual devia levar o nome que o homem lhe disse. O homem deu nomes a todos os animais, às aves do céu e a todas as feras selvagens, mas, para o homem, não encontrou a auxiliar que lhe correspondesse. Então o Senhor Deus fez cair um torpor sobre o homem, e ele dormiu. Tomou uma de suas costelas e fez crescer carne em seu lugar. Depois, da costela que tiraria do homem, o Senhor Deus modelou uma mulher e a trouxe ao homem. Então o homem exclamou: "Esta, sim, é osso de meus ossos e carne de minha carne! Ela será chamada 'mulher', porque foi tirada do homem!" Por isso o homem deixa seu pai e sua mãe, se une à sua mulher, e eles se tornam uma só carne (Gn 2,18-24).

O objetivo desta narrativa não é a criação de *Adam*. A criação do homem foi descrita sem muitos detalhes num único verso: "Então o Senhor Deus modelou o homem com a argila do solo, insuflou em suas narinas um hálito de vida e o homem se tornou um ser vivente" (Gn 2,7). Segue uma descrição do jardim, no qual o Senhor Deus manteve o homem: um lugar repleto com todo tipo de belas árvores e regado por quatro rios (Gn 2,8-15). Tendo colocado o homem no jardim, com uma tarefa específica para cultivá-lo e mantê-lo (Gn 2,15), a narrativa se propõe a explicar por que e como Deus criou a mulher. Uma descrição da criação da mulher é dada dentro do contexto da relação do homem com todas as outras coisas criadas e em resposta a uma divina descoberta da necessidade humana de companheirismo.

Por séculos, a interpretação de Gênesis 2,18-25 pelos Pais da Igreja e, junto com ela, toda a história do Éden em Gênesis 3, influenciou a antropologia teológica dominante no ensino da Igreja. Ela, também, determinou a compreensão da identidade do homem e da mulher, e, de fato, a forma como o papel da mulher é descrito em muitas sociedades e culturas. Este ensaio continua na próxima seção colocando a questão da relação do homem e da mulher em perspectiva histórica. Em seguida, ele oferecerá uma interpretação de Gênesis 2,18-24 que se adequa à metáfora de uma costela.

1 Percepções sobre a identidade da mulher na história

1.1 Interpretação da história do Éden pelos Pais da Igreja

Antigas interpretações patrísticas e escolásticas da história do Éden em Gênesis 2–3 consideravam aspectos significativos da criação da mulher e de seu papel na história da Queda. Segundo eles, a imagem de Deus é uma prerrogativa do homem. Como a mulher foi criada a partir da costela de Adão, negaram-lhe a forma teomórfica[58], classificando-a como inferior ao homem, de ser moralmente e emocionalmente fraca e dependente (AMBRÓSIO. *De Institutione Virginis* IV, 25-31; TOMÁS DE AQUINO. *Summa Theologiae*, 1, q. 92, a. 1; q. 99, a. 2; q. 115, a. 3,4). A mulher está, portanto, destinada à esfera doméstica e seu papel é definido estritamente em termos procriativos e servis,

---

58. Eles entendiam que Efésios 5,22-24 e Colossenses 3,18 diziam que a imagem de Deus no ser humano é a prerrogativa do homem.

para ser redimida somente por meio da procriação (cf. AMBRÓSIO. *De Institutione Virginis* IV, 25-31). A mais negativa de todas as ideias sobre a mulher encontra-se nas obras de Tertuliano e Tomás de Aquino.

A interpretação de Tertuliano, Tomás de Aquino e outros Pais da Igreja sobre o Gênesis 2-3 deve ser entendida dentro do contexto dos preconceitos e preocupações de seu tempo, suas visões distorcidas da mulher que eram parcialmente baseadas na filosofia pagã[59] e não nas Escrituras, e a profunda suspeita da Igreja primitiva sobre sexualidade. Também parece que as mulheres exerciam tanta influência na sociedade e na Igreja que os Pais patrísticos (150 d.C. a 500 d.C.) e escolásticos (1100 d.C. a 1700 d.C.) procuraram restringir sua influência. Foi, principalmente, o contexto cultural que influenciou sua visão desdenhosa das mulheres, e não os ensinamentos de Cristo.

Essas interpretações abriram portas para uma longa história de injustiças feitas às mulheres e para sua identidade e dignidade pessoais pelas culturas humanas. Era negado às mulheres o acesso à educação e a muitos papéis sociais que eram estritamente reservados aos homens. As mulheres, também, sofreram opressão, desrespeito e desprestígio ao longo dos séculos em diferentes contextos culturais. O quadro começou a mudar por volta do final do século XX, quando começaram as transformações históricas e culturais na percepção da mulher. Isso se deve a um maior conhecimento obtido

---

59. Por exemplo, as ideias de Tomás de Aquino sobre as mulheres foram influenciadas pela infame afirmação de Aristóteles: "O feminino é masculino ilegítimo" (*De Gener.* II, 3).

da ciência e da tecnologia, o que prova a igualdade do homem e da mulher no processo procriativo. As culturas anteriores, que desvalorizavam e militavam contra as mulheres, foram acusadas de ignorância sobre esses desenvolvimentos modernos.

1.2 Transformações históricas e culturais na perspectiva das mulheres

A história da humanidade tem registrado tremendas mudanças na percepção da mulher, na compreensão da relação entre homem e mulher e na definição dos papéis baseados no sexo. Em quase todas as nações, culturas, sociedades e religiões, as mulheres têm sido consideradas inferiores aos homens, fracas (incapazes de ter uma força real), sem inteligência e, portanto, incapazes de contribuir com alguma coisa para a sociedade. Até o século XX, as mulheres eram excluídas dos aspectos-chave da Modernidade em, praticamente, todos os lugares; a mulher estava confinada à família, onde seu papel era definido estritamente em termos procriativos. Era-lhe negada muitas das oportunidades dadas ao homem para alcançar a realização pessoal por meio da educação, do trabalho, da atividade política e escolha do parceiro de vida. Dentro da família, onde seus papéis são definidos, a mulher era um objeto de prazer e exploração, e sua fortuna era determinada por sua capacidade de procriação e serviço aos outros.

Pode-se apreciar plenamente as transformações interessantes na vida da mulher que se tornaram possíveis a partir da segunda metade do século XX. Durante séculos, as instituições religiosas, políticas e sociais têm defendido o respeito aos legítimos direitos da mulher à educação e à promoção de seu bem-estar como ser humano em igual dignidade e direitos que os homens. Grande responsabilidade por essa mudança é dada às transformações socioculturais que vieram com os movimentos feministas, mas também, em maior medida, com a modernização das sociedades ocidentais (cf. SCARAFFIA, 2006, p. 15). A súbita entrada das mulheres na vida pública provocou uma agitação em todos os hábitos masculinos tradicionais da família, da sociedade e da Igreja. João XXIII lista esse fenômeno entre os sinais dos tempos (*Pacem in Terris*, 22). Tornou-se possível para as mulheres: estudar, frequentar a universidade, adquirir o direito à liberdade individual e, pouco a pouco, ter acesso a todas as profissões que se dizia pertencerem aos homens. Em muitos ambientes culturais, e não mais apenas no mundo ocidental, a Modernidade está levando ao colapso os papéis baseados no sexo.

Graças a esses desenvolvimentos, as diferenças biológicas não são mais os fatores decisivos para definir a relação entre homens e mulheres. Esses acontecimentos foram apreciados por João Paulo II, em sua *Carta às mulheres*, em que ele diz:

> Não posso deixar de expressar minha admiração por aquelas mulheres de boa vontade que dedicaram suas vidas à defesa da dignidade da mulher, lutando por seus direitos sociais, econômicos e políticos básicos, demonstrando iniciativa corajosa em um momento em que isso foi considerado extremamente inadequado, sinal de falta de femini-

lidade, manifestação de exibicionismo e até mesmo de pecado![60]

O desafio que esse tema constitui para a Igreja foi assunto de um seminário de estudo organizado pelo Pontifício Conselho para os Leigos, em 2006. Um renomado membro desse conselho diz em seu documento no seminário:

> Para responder aos desafios atuais de uma nova evangelização e da construção de uma cultura de amor neste momento da história, é oportuno que a Igreja continue empenhada em ajudar mulheres e homens a tomar consciência de sua identidade, dignidade e missão, e a fortalecer as inter-relações baseadas no respeito e valorização mútua, no reconhecimento das diferenças existentes e no diálogo (DE PFENNICH, 2006, p. 178)[61]

Joan Chittister sugere que, assim como no passado, a Igreja, mediante interpretações patrísticas e escolásticas da Bíblia, batizou as atitudes e situações antimulheres criadas por mal-entendidos primitivos, agora a Igreja deve resgatar a integridade da mulher do flagelo da cultura[62].

---

60. João Paulo II, Carta às mulheres (29, jun. 1995), 6: *Acta Apostolicae Sedis* 87 (1995), p. 756.

61. De Pfennich é membro do Pontifício Conselho dos Leigos e do Pontifício Conselho por Justiça e Paz. No período dos estudos do seminário em 2006, ela era presidente da União Global da Organização Católica de Mulheres (WUCWO) e vice-presidente da Conferência Internacional das Organizações Católicas.

62. Joan Chittister (OSB) costumava ser a pioneira das Irmãs Beneditinas de Erie, Pensilvânia (cf. CHITTISTER, 1983, p. 2).

O próximo tópico apresenta uma interpretação da identidade da mulher em Gênesis 2,18-24.

2 A criação da mulher em Gênesis 2,18-24

Gênesis 2,18-24 é a segunda parte do relato da criação que se encontra em Gênesis 2,4-25. A primeira parte, Gênesis 2,4-17, é uma descrição do jardim do Éden, da criação do homem e de sua tarefa em relação ao jardim. A segunda parte, versículos 18-24, descreve a crise que levou à criação da mulher. Gênesis 2,25 é a conclusão que descreve o estado de comunhão do casal.

A seção 2,18-24 começa com uma avaliação divina da inadequação do plano anterior de Deus de deixar o homem cuidar do jardim sozinho. Visto no contexto de Gênesis 1–3, essa avaliação divina no versículo 18, "não é bom...", é uma divergência da avaliação divina que conclui o primeiro relato da criação, "Deus viu tudo o que tinha feito, e de fato era muito bom" (Gn 1,31)[63]. Embora a afirmação em 2,18 seja apresentada como um pensamento posterior no plano de Deus[64], ela funciona como um suspense dramático que visa chamar a atenção para a correta compreensão das identidades do homem e da mulher no desígnio de Deus e seu re-

---

63. Na primeira e na segunda história da criação, a palavra hebraica "*tov*" (traduzida por "bom") designava o que correspondia a ordem cósmica e o que era a harmonia no projeto inicial de criação de Deus (cf. NWA-CHUKWU, 2005, p. 58).

64. Um recurso literário similar é encontrado em Gênesis 6,5, que diz que Deus sentia muito por ter criado a humanidade. A história que segue sobre a avaliação da criação representa o ponto de vista segundo os planos de Deus.

lacionamento um com o outro. Na verdade, o significado da palavra hebraica *tov* (na frase, "não é bom...") como efeito desejado da ação de Deus mostra que a situação solitária do homem no jardim não corresponde ao que Deus pretendia.

O homem que Deus criou e colocou no jardim foi encontrado solitário. Após a criação do homem, cada uma das ações subsequentes de Deus parecia estar fora da preocupação extraordinária com o homem. A criação ainda estava em curso. A solidão do homem se devia à ausência de uma companhia que lhe conviesse. Duas palavras descrevem a qualidade e adequação de uma companhia adequada para o homem, "*ezer* e *kenegdo*"[65]. O substantivo '*ezer* significa ajudante ou apoio. A necessidade do homem de uma ajudante pode sugerir que ele está em um estado indefeso, mas essa ideia é descartada pela palavra seguinte *kenegdo*. Essa é uma palavra composta que, literalmente, significa "antes dele", significa "contraparte", "alguém ou algo que combina com ele ou é equivalente a ele". A ajuda esperada não é nem a assistência a um indivíduo indefeso, nem a proteção de uma pessoa mais forte, nem a assistência no trabalho diário, mas o apoio mútuo que o companheirismo proporciona (cf. WENHAM, 1987, p. 68). Então, Deus começa a experimentar a felicidade do homem criando outras criaturas, "[...] e as trouxe ao homem para ver como ele as chamaria" (Gn 2,19).

---

65. *Kenegdo* é um substantivo composto formado pela preposição *Ke* (como) e *neged* (antes, em frente) e a terceira pessoa masculina no singular o sufixo nominal (ele), que é traduzido como "correspondente a ele", "contrapartida".

As criaturas que Deus se propôs a criar, os animais do campo e as aves do ar (v. 19-20), foram considerados como não sendo um bom partido para o homem. A atribuição de nomes era uma forma de estabelecer uma relação entre o homem e as criaturas. "O homem deu nomes a todo gado, e às aves do céu, e a todos os animais do campo; mas para o homem não foi encontrado um ajudante como lhe correspondesse" (Gn 2,20). Estabeleceu apenas uma relação de domínio: "O que quer que o homem chamasse cada ser vivo, esse era seu nome" (Gn 2,19). O ato de dar nomes conferiu ainda mais identidade às criaturas. Animais e aves eram formados a partir do pó da terra, assim como o homem era, mas nenhum se qualificava como companhia do homem. Deus, portanto, resolveu criar a mulher de uma maneira diferente.

3 Feita da costela do homem: a mulher no desígnio de Deus

A criação da mulher a partir da costela do homem completa perfeitamente a busca de Deus por uma companhia digna para o homem. Qual poderia ser a razão de Deus para usar a costela e não qualquer outro material ou qualquer outro órgão humano para criar a mulher? A interpretação patrística dessa ideia coloca a mulher como um ser inferior e subordinado ao homem. Essa interpretação ignora o significado pretendido da metáfora. Nos seres humanos, a costela é um dos 12 ossos curvos esbeltos presos à coluna vertebral que formam a caixa torácica ao redor do peito humano. A caixa torácica fornece uma estrutura forte à qual os músculos da cintura, do ombro, tórax, abdômen superior e das costas podem se prender. As costelas permitem a expansão dos pulmões e facilitam a respiração, expandindo a cavidade torácica (Wikipedia). Em resumo, a costela dá proteção e apoio aos órgãos humanos vitais e auxilia a respiração. Essas são necessidades vitais de um ser humano.

O texto de Gênesis 2,18-24 diz, simplesmente, que a mulher é para o homem o que a costela é para o corpo humano. Portanto, é inquestionavelmente claro por que o texto define a mulher em relação ao homem (cf. especialmente Gn 2,24-25; 3,8.17; 4,1.17). É, também, significativo que a descrição da mulher aqui não tem nenhuma conotação sexual. O pano de fundo do texto pode ser familiar e os personagens são apresentados dentro da cultura patriarcal da época, esse é um texto que destaca a imensa contribuição da mulher para a família humana. No mundo sociocultural hebraico, a mulher não costumava escolher seu marido, mas ela era dada a um homem. Da mesma forma, o papel passivo do homem no casamento é representado como um sono profundo. O papel da mulher, também, foi determinado pelo sistema familiar patriarcal em que ela é esposa e mãe (cf. BAAB, p. 864). Enquanto a costela a define como da mesma substância que o homem (osso do meu osso), também se refere ao seu apoio preeminente para o homem e a família.

Gênesis 2,21-24 reúne a maior parte das ideias sobre o papel da mulher que estão dispersas em diferentes partes da Bíblia. As duas palavras "ajudante" e "costela" são descrições vigorosas do tipo de apoio que a mulher é para a família, na qual tem uma influência considerável.

Provérbios 31,10-31 descreve uma engenhosidade característica que é única para o seu gênero. Por meio de suas atividades econômicas e empreendimentos previdentes, ela provê para seu marido e sua família na estação e fora da estação (Gn 24,11.13-16; 24,19-20; 27,9.14).

Gênesis 2,18-24 revela uma das verdades mais fundamentais sobre a relação homem-mulher na criação. A interpretação de João Paulo II desse texto difere, consideravelmente, dos argumentos encontrados nas interpretações patrísticas, que foram usadas através dos séculos para promover a ideia de que a mulher é inferior e subordinada. Em lugar disso, há uma compreensão do texto em termos da complementaridade e completude da humanidade. De acordo com João Paulo II, o texto retrata o homem perdido no meio do jardim e em busca de uma definição subjetiva de si mesmo. Na criação da mulher, o homem supera sua solidão por meio de um retorno ao não ser (analogia do sono) à descoberta da comunhão, que define, verdadeiramente, a imagem de Deus no ser humano (JOÃO PAULO II, 1997, p. 44-46).

A mulher representa o outro ou completo eu do homem – sua costela, "osso do meu osso e carne da minha carne" –, o que enfatiza sua homogeneidade. Ela representa a plenitude e realização da criação, indispensável para a autorrealização do homem e para a completude da criação (cf. ZENO, 2010, p. 34). Sem ela, a tarefa da vida é simplesmente cuidar do jardim (Gn 2,15); mas, com ela, o homem percebe que o sentido pleno da vida é alcançado por meio da comunhão, da relação em que se existe com e para alguém. Nas palavras de João Paulo II, "a presença do elemento feminino, ao lado do elemento masculino e junto com ele, significa um enriquecimento para o homem em toda a perspectiva de sua história, incluindo a história da salvação" (JOÃO PAULO II, 1997, p. 49).

A interpretação de Gênesis 2–3, em outras partes da Bíblia, revela outra informação interessante sobre como a mulher se relaciona com toda a criação, além de sua relação com a raça humana. Na interpretação de Paulo do evento Cristo, em Romanos 8,18-25, ele diz que a libertação de toda a criação da escravidão da corrupção depende da redenção da humanidade. Ele liga sua descrição da redenção escatológica de todas as coisas à realidade existencial da dor e gemido da mulher ao nascimento de seu filho (Gn 3,16), que é a consequência do pecado. Dessa forma, Romanos 8,22 vincula o destino da mulher ao destino da redenção de toda a criação. A dor do parto que a mulher experimenta no nascimento de uma criança é um símbolo existencial da conexão intrincada do destino de toda a humanidade e do mundo material. Como a mulher espera o nascimento de um filho, a criação também aguarda por sua redenção mediante a revelação dos filhos de Deus.

Gênesis 3,20 dá outra característica da mulher que complementa as ideias expressas nos parágrafos anteriores. É a descrição da mulher como Eva, ou seja, a mãe dos viventes (Gn 3,20). Isso implica que, por natureza, a mulher é criada para estender e alimentar a vida de outros. Casada ou não, ela está imbuída de instinto materno, o que é próprio de sua missão especial como mulher, esposa e mãe. As mulheres têm a propensão natural de nutrir e preservar a vida dos outros, mesmo ao custo de suas próprias vidas. Elas estão estruturadas em seu ser para promover uma cultura de vida e de sua preservação na criação.

Conclusão

Em Gênesis 2,18-24 se encontra *ishah*, a mulher, que não é apresentada como Eva de Gênesis 1, mesmo que ambas representem a mesma pessoa dramática. *Ishah* não é como a figura bíblica altamente controvertida e embevecida do Gênesis 1, que é modelo de desobediência e enganador; que uniu forças com a serpente para causar o mal na história humana; e cujas ações originaram a visão negativa do gênero feminino. Essa mulher do Gênesis 2 é a mesma carne e osso do esposo, um par condizente com ele e um apoio maravilhoso para a família. Ela é protetora, empreendedora e cheia de recursos.

O texto de Gênesis 2,18-24, portanto, explica o que é próprio da missão de uma mulher segundo o plano de Deus, ou seja, que o bem ou o bem-estar geral da criação não está completo sem ela[66]. Além disso, como ela é feita da costela, toda instituição humana, especialmente a família humana, precisa ser abençoada pelo toque do apoio materno de uma mulher para experimentar a plenitude. Nas palavras de João Paulo II, "a presença do elemento feminino, ao lado do elemento masculino e junto com ele, significa um enriquecimento para o homem em toda a perspectiva de sua história, incluindo a história da salvação" (JOÃO PAULO II, 1997, p. 49).

---

66. O sentido do texto elucidará qualquer interpretação guiada pelo viés cultural. O texto deve ser entendido à luz da tentativa *Yahwist* de explicar a origem das frustrações que o ser humano encontra na vida.

Referências

AMBRÓSIO. *De Institutione Virginis* IV, 25-31.

BAAB, O.J. *"Woman" in the interpreter's dictionary of the Bible*. Vol. 4. Nashville: Abingdon.

CHITTISTER, J. (OSB). *Women, ministry and the church*. Nova York: Paulist, 1983.

DE PFENNICH, M.E.D. *Participation and collaboration in the life of the Church*. Pontificium Consilium Pro Laicis, study seminar on men and women: diversity and mutual complementarity. Roma: Libreria Editrice Vaticana, 2006, p. 175-180.

JOÃO PAULO II. Carta às mulheres, 29 jun. 1995. *Acta Apostolicae Sedis* 87 (1995).

JOÃO PAULO II. *The theology of the body: human love in the divine plan*. Boston: Pauline Books Media, 1997.

JOÃO XXIII. *Pacem in Terris*, 11 abr. 1963.

NWACHUKWU, M. Creation-covenant scheme and justification by faith: a canonical study of the God-human drama in the Pentateuch and the Letter to the Romans. *The Journal of Theological Studies*, 30 (2), 2005.

Rib. Disponível em: https://en.wikipedia.org › wiki › Rib.

SCARAFFIA, L. *Socio-cultural changes in women's lives*. Pontificium Consilium Pro Laicis, study seminar on men and women: diversity and mutual complementarity. Roma: Libreria Editrice Vaticana, 2006, p. 15-22.

TOMÁS DE AQUINO. *Summa Theologiae*.

WENHAM, G.J. *Genesis 1-15: word biblical commentary*. Vol. 1. Texas: Word Books, 1987.

ZENO, K.J. *Discovering the feminine genius: every woman's journey*. Boston: Pauline, 2010.

IX

Ismael: aquele que sofre, mas também sabe sorrir!
Outros olhares sobre o choro e o riso de um menino (quase) esquecido

Lídia Maria de Lima*

Introdução

Gosto de ouvir e contar histórias. Acredito que as narrativas têm a força de nos aproximar de outras pessoas, independentemente do tempo e do espaço, fazendo-nos enxergar similaridades e diferenças entre o que vivemos e o que outras e outros também puderam experimentar.

Quero lhes contar uma história clássica, contada muitas vezes nas comunidades religiosas, mas que nem sempre destacam o protagonismo da criança. Não! Eu não lhes contarei uma história infantil. Isso seria maravilhoso, mas não é essa a minha intenção.

É importante ressaltar que contar histórias é uma prática essencial na tradição judaico-cristã, foi isso que

---

* Educadora. Formada em Comunicação Social, Teologia, Pedagogia e Psicopedagogia. Mestra em Ciência da Religião, pela Universidade Metodista de São Paulo. Mãe do Pedro e da Sofia. Negra. Protestante. Feminista e apaixonada pela arte de escrever e contar histórias.

garantiu a transmissão da cultura e da fé do povo de Israel. Para Rafael Rodrigues da Silva (2013), na tradição oral nos deparamos com a *presença da voz e da memória*, que vez por outra se perdem na escrita e, principalmente, nas traduções. Além disso, a oralidade é uma forma de multiplicar experiências transitando *entre o ontem, o hoje e o amanhã*. Até o Salmista reforça: "O que ouvimos e aprendemos, o que os nossos pais nos contaram, não os esconderemos a nossos filhos, contaremos à próxima geração" (Sl 78,3-4). Contar histórias animava a caminhada e alimentava a fé.

Assim, quero lhes contar a narrativa de Gênesis 21, com os olhos voltados para o menino Ismael. Para isto, quero fazer uso da teologia negra da libertação, que a princípio se desenvolve com o teólogo James Cone, na década de 1960, período de grande segregação racial no Estados Unidos, e que apresenta uma proposta de ser antirracista, opondo-se a uma teologia opressora e exclusivista, dando visibilidade ao povo negro e a sua presença no plano de salvação, descrito na narrativa bíblica.

Utilizei também a hermenêutica negra feminista. A soma dessas duas "ferramentas" pode nos ajudar a encontrar nessa história elementos que nos aproximam das crianças negras da nossa comunidade, propondo assim uma maior reflexão sobre o texto bíblico, e nos motivando a beber de outras fontes, mais humanas, mais acolhedoras e, se possível, mais libertadoras.

Sente-se aqui e vamos começar: quero lhe contar uma história e ela é, mais ou menos, assim...

Um menino, uma mãe e um encontro sagrado...
(Releitura de Gênesis 16 e 21.)

Ele era um menino. Crescia em meio aos conflitos e interesses dos adultos. Crescia sentindo na pele as questões sociais. Era filho de uma mulher negra, egípcia, marginalizada e escravizada.

Mulher temente a Deus e que, mesmo diante dos conflitos e medos, mantinha a fé e cuidava do seu filho, ciente de que Deus caminhava com eles. Havia um homem que lhe fora apresentado como pai, havia respeito entre eles, mas o menino não entendia por que este pai tratava sua mãe como concubina, embora naquele período isso fosse algo muito comum. Mas a indiferença do pai e da esposa para com a sua mãe e, vez por outra, até mesmo com o próprio menino, causava-lhe grande incômodo.

Era difícil para a criança ver sua mãe sofrendo e sendo humilhada pela esposa do pai. Então, ele e a mãe uniam-se para sobreviver. Havia uma cumplicidade entre ambos.

Ouvir histórias era um rito entre eles. Isso alimentava o vínculo e a fé. A mãe lhe dizia que era importante saber suas origens e saber planejar o seu futuro, "de onde vens e para onde vais!", repetia com frequência a matriarca. O menino a ouvia com a atenção. Gostava especialmente daquela história sobre a sua gestação: quando a mãe se encontrava triste, insegura, com medo das maldades das pessoas ao seu redor, e sem saber qual seria o seu futuro, bem como o futuro do bebê que estava em seu ventre. Mas, naquele dia, diante de toda a tristeza e das incertezas, Deus falou com sua mãe, por intermédio de um anjo que lhe prometeu cuidar dela e do bebê. Foi assim que o menino recebeu o nome de Ismael, que significa "Deus ouviu a tua aflição!", Deus enxergou o sofrimento da mãe. Ismael sentia-se triste com a história, mas feliz ao saber que o sagrado se fazia presente e respondia as orações de sua mãe.

Vejamos a narrativa bíblica:

> Sarai, mulher de Abrão, não lhe dava filhos; mas tinha uma escrava egípcia chamada Agar. Então Sarai disse a Abrão: "Javé não me deixa ter filhos: una-se à minha escrava para ver se ela me dá filhos". Abrão aceitou a proposta de Sarai. Dez anos depois que Abrão se estabeleceu na terra de Canaã, sua mulher Sarai tomou sua escrava, a egípcia Agar, e a entregou como mulher a seu marido Abrão. Este se uniu a Agar, que ficou grávida. Vendo que estava grávida, Agar perdeu o respeito para com Sarai. Então Sarai disse a Abrão: "Você é responsável por essa injustiça. Coloquei em seus braços minha escrava, e ela, vendo-se grávida, não me respeita mais. Que Javé seja nosso juiz". Abrão disse a Sarai: "Muito bem. Sua escrava está em suas mãos. Trate-a como você achar melhor". Sarai maltratou de tal modo Agar, que ela fugiu de sua presença. O anjo de Javé encontrou Agar junto a uma fonte no deserto, a fonte que está no caminho de Sur. E lhe disse: "Agar, escrava de Sarai, de onde você vem e para onde vai?" Agar respondeu: "Estou fugindo de minha patroa Sarai". O anjo de Javé lhe disse: "Volte para sua patroa e seja submissa a ela". E o anjo de

> Javé acrescentou: "Eu farei a descendência de você tão numerosa que ninguém poderá contar". E o anjo de Javé concluiu: "Você está grávida e vai dar à luz um filho e lhe dará o nome de Ismael, porque Javé ouviu sua aflição. Ele será potro selvagem: estará contra todos, e todos estarão contra ele; e viverá separado de seus irmãos". Agar invocou o nome de Javé, que lhe havia falado, e disse: "Tu és o Deus-que-me-vê, pois eu vi Aquele-que-me-vê". Por isso, esse poço chama-se "Poço daquele que vive e me vê", e se encontra entre Cades e Barad. Agar deu à luz um filho para Abrão, e Abrão deu o nome de Ismael ao filho que Agar lhe dera. Abrão tinha oitenta e seis anos quando Agar deu à luz Ismael (Gn 6,1-16)[67].

Um dia, o menino também foi vítima dos descasos e maldades dos adultos dominadores: ele e a mãe foram expulsos de casa, pelo pai, que naquele momento dizia fazer a vontade divina. E quem questionaria um homem temente a Deus? Numa sociedade patriarcal, um homem tem sempre razão. Diziam que foi o seu riso o motivo de tal expulsão. E desde quando os risos se tornaram limitados a esta ou aquela criança? Justificativa débil, mas até hoje difundida.

> O menino cresceu e foi desmamado. E no dia em que Isaac foi desmamado, Abraão deu uma grande festa. Ora, Sara viu que o filho que Abraão tinha tido com a egípcia Agar estava zombando de seu filho Isaac. Então ela disse a Abraão: "Expulse essa escrava e o

---

67. A versão pastoral será utilizada durante todo o capítulo.

> filho dela, para que o filho dessa escrava não seja herdeiro com meu filho Isaac". Abraão ficou muito desgostoso com isso, porque Ismael era seu filho. Mas Deus lhe disse: "Não fique aflito por causa do menino e da escrava. Atenda ao pedido de Sara, pois será através de Isaac que sua descendência levará o nome que você tem. Entretanto, também do filho da escrava eu farei uma grande nação, pois ele é descendência sua". Abraão levantou-se de manhã, pegou pão e um cantil de água e os deu a Agar; colocou a criança sobre os ombros dela e depois a mandou embora. Ela saiu e andava errante pelo deserto de Bersabeia (Gn 21,8-14).

E, assim, Ismael e Agar seguiram para o deserto, rejeitados, levando com eles apenas pão, água e medo. Quando a água e o pão acabaram, sobrou o medo... E a mãe afastou-se do menino, porque sabia que aquela situação levaria seu filho à morte. Cada um reagiu como pôde: a mãe chorava e gritava pelo socorro divino.

> Quando acabou a água do cantil, ela pôs a criança debaixo de um arbusto e foi sentar-se na frente, a distância de um tiro de arco. Ela pensava: "Não quero ver a criança morrer!" E sentou-se a distância. O menino começou a chorar (Gn 21,15-16).

O menino ali deitado, já desfalecendo, certamente orava em segredo; agarrava-se num fio de fé e esperança.

> Deus ouviu os gritos da criança, e o anjo de Deus, lá do céu, chamou Agar, dizendo: "O que é que você tem, Agar? Não tenha medo, pois Deus ouviu os gritos do menino que aí

está. Levante-se, pegue o menino e segure-o firme, porque eu farei dele uma grande nação". Deus abriu os olhos de Agar e ela viu um poço. Foi encher o cantil e deu de beber ao menino. Deus estava com o menino (Gn 21,17-19).

Deus respondeu ao choro do menino e deu forças para essa mãe, que se levantou e agarrou o seu filho pelas mãos e seguiu com a promessa de vida para o presente e para o futuro de sua criança!

1 E o que há por trás dessa história?

A história de Agar e Ismael parece-me atemporal. Está descrita nas narrativas de Gênesis, mas parece uma daquelas histórias que a gente vê em muitas famílias da sociedade atual, ou até mesmo nas nossas casas. Uma mulher negra, pobre, excluída e explorada, numa tentativa de sobreviver e garantir a sobrevivência e a dignidade de seu filho.

Uma mulher que busca viver uma relação de fé com o sagrado. Alguém que, diante da sua dor e das suas fragilidades, abre o coração e conta-lhe os seus medos e incertezas. Experimenta um encontro real com Deus e mantém com Ele uma relação de cumplicidade e de proximidade que lhe permite dizer: "Tu és o Deus-que-me--vê, pois eu vi Aquele-que-me-vê!" (Gn 16,13). Sabia que, mesmo diante da opressão social e das adversidades que poderiam atingir a sua vida e a vida de seu filho, Deus estaria por perto; olhando para eles e respondendo, a tempo, suas orações.

A leitura do texto bíblico nos apresenta a imagem de uma mãe que, em dois momentos marcantes de sua vida e que envolvem suas práticas maternas, experimenta a mística de encontrar-se com Deus. No primeiro encontro, Agar vive uma teofania, ou seja, ela fala diretamente com a divindade:

> Um fato importante nesse relato é que Agar é a única mulher na Bíblia que fala diretamente com a divindade (Gn 16,13-14; 21,17-18). Não apenas isso, ela é a única mulher na Bíblia que dá um nome à divindade que resgatou a ela e a seu filho, *El'Ro'i*, o deus que vê. Essa narrativa é o testemunho de que Agar era uma mulher dotada de grande poder espiritual (CALDEIRA, 2013).

Essa afirmação reforça a imagem forte de Agar e nos revela os traços de uma mulher que descobriu a força da sua voz diante das adversidades; uma mulher que rompe com aquilo que seria o seu destino: a morte. Ela não se calou e nem se intimidou diante de Deus. Faz uso da sua voz diante do sagrado em busca de vida, dignidade e transformação.

Quando me aproximo dessa leitura, tenho os olhos e o coração voltados para uma hermenêutica negra e feminista que enxerga nessa história traços de opressão, ainda presentes em nossa sociedade e, também, a possibilidade de libertação e transformação. Vejo um Deus disposto a caminhar com seus filhos e filhas, partilhando suas dores e transformando seus destinos. Faço uso dessa ferramenta, porque tal como afirma Cleusa Caldeira, a "hermenêutica negra feminista" nos desafia "a reinterpretar o relato bíblico na perspectiva do povo negro"

(CALDEIRA, 2013, p. 1.190), e neste caso, muito além de enxergar a opressão que se faz sobre a vida da mulher, é fundamental observar a criança como vítima de um sistema opressor e a teologia como um caminho de esperança, renovação e inclusão. Vejamos...

2 Quando o riso da criança incomoda

Na narrativa que conduz este capítulo, observa-se que as nossas leituras habituais destacam a imagem materna – Agar – ou até mesmo a "do grande patriarca" – Abrão –, mas o menino Ismael também é protagonista da história, ou seja, é em torno dele que a narrativa se desenvolve. E assim como muitas crianças, especialmente as crianças negras, de ontem e de hoje, ele circula pela trama sendo, vez por outra, invisível aos nossos olhos insensíveis, ainda que seja alvo da violência e do descaso dos adultos.

Não é raro encontrar no Antigo Testamento histórias que envolvam crianças em situação de risco; além de Ismael, temos, por exemplo, Isaac, que chegou a ser levado para um espaço de sacrifício (Gn 22), mas teve a sua vida poupada por uma intervenção divina; temos o rei do Egito ordenando a morte das crianças hebreias durante o parto, e temos a ação de Deus manifesta por intermédio das parteiras egípcias Sifrá e Puá, que preservaram a vida de muitos meninos, inclusive de Moisés. Temos ainda a ação do próprio "povo de Deus" massacrando crianças – "Agora matem os meninos" – como se vê em Números 31,17; ou expressando todo o ódio e desejo de vingança contra os filhos dos inimigos, dizendo: "Feliz aquele que pegar os seus filhos e despedaçar contra as rochas" (Sl 137,9). São crianças expostas ao descaso e ao poder dos adultos, mas ali manifesta-se a graça divina para nos lembrar que a salvação se faz na inclusão de nossas crianças.

Com Ismael não foi diferente: o menino nasceu sem os mesmos direitos e possibilidades que o irmão Isaac; filho de seu pai Abrão com Sarah, sua companheira na história. Aqui, a diferença social e étnica delimita a história: Ismael é filho de uma mulher negra, estrangeira, egípcia (africana), serva de Abrão e Sarah. Logo, essas características atribuídas à mãe também refletem no seu corpo e nas suas vivências. Até o seu riso incomoda. Muitas traduções insistem em atribuir um sentido pejorativo ao riso do menino. Na tradução de Almeida revista e atualizada, encontramos os seguintes versos:

> Ora, Sara viu que o filho que Abraão tinha tido com a egípcia Agar estava zombando de seu filho Isaac. Então ela disse a Abraão: "Expulse essa escrava e o filho dela, para que o filho dessa escrava não seja herdeiro com meu filho Isaac" (Gn 21,9-10).

"Caçoar" é o verbo utilizado para caracterizar o riso de Ismael, dando um sentido de provocação ou de zombaria, tal como se vê em outras traduções, culpabilizando a criança e justificando as atitudes dos adultos. Mas, para Carlos Dreher, o que temos aqui é um problema de tradução intencional, que também reflete uma teologia:

> Dois reparos se fazem necessários em relação à tradução de Almeida. O primeiro diz respeito ao final do v. 9. O texto massorético

> apresenta apenas o particípio piel *mesaheg* ao final do versículo. O radical *shg* significa, no qal, "rir". É desse tronco que se deriva o nome próprio Isaque = ele ri. No piel, o verbo assume significado intensivo, o que resultaria em rir intensamente, brincar. Nada há, pois, de negativo na expressão. O filho de Agar é simplesmente alguém que ri intensamente, alguém que brinca. O significado negativo apresentado em Almeida parece mais uma harmonização com Gl 4,29 (= perseguia), e está mais em função de desculpar a atitude da matriarca Sara (DREHER, 1988).

Seguindo a lógica apresentada pelo autor, essa tradução colabora para que as atitudes de Sara encontrem um respaldo. Como se o seu egoísmo, autoritarismo e ganância fossem ignorados, ou justificados, pelo riso de Ismael. E Dreher segue com este raciocínio: para o autor, o incômodo de Sara está atrelado às questões econômicas, mas não era somente a herança que gerava esse incômodo. Mas, havia ali um riso, um sinal visível de alegria e felicidade, e tal como dizia a canção popular, "a alegria alheia incomoda"[68]. Sara incomoda-se grandiosamente:

> Sara vê o filho da escrava rindo intensamente (v. 9). Seu próprio filho se chama ele ri. E é esta questão de quem tem o direito de rir, que leva ao conflito econômico. [...] Ismael não pode rir! O riso evidencia vida plena. O menino está feliz. [...] O filho da escrava não

---

68. Trecho da canção "Erva venenosa", composta em 1949, pela dupla Jerry Leiber e Mike Stoller, popularizada nas vozes de Golden Boys e, anos mais tarde, Rita Lee.

pode rir! Esse direito cabe apenas ao filho da patroa. O filho da escrava precisa carregar no rosto a marca de sua condição social inferior. É preciso que chore! Sua felicidade põe em risco a ordem social estabelecida (DREHER, 1988).

O incômodo de Sara com o riso de Ismael e as limitações sociais implícitas nesse ato nos fazem refletir sobre questões presentes até hoje na vida de nossas crianças negras. Quem tem direito ao riso? Onde as crianças negras da atualidade desfrutam da "vida plena" traduzidas nas brincadeiras e nas risadas? A proposta de salvação contida na exaltação do patriarca Abraão ou da matriarca Sara contemplam a salvação de Ismael? Ou ainda está restrita ao riso de Isaac?

O riso de Ismael ainda é tolhido nos dias atuais. Impedimos nossas crianças de soltarem o seu riso pleno, quando:

- Percebemos que o abandono paternal ainda se faz presente. Hoje, são de mais 5,5 milhões de crianças brasileiras sem o nome do pai em seus registros de nascimento, e *quase 12 milhões de famílias são formadas por mães solo* (ARAGAKI, 2019). Olhar para esses dados é enxergar Ismael e Agar na luta pela sobrevivência. Quais são as marcas que essa ausência paterna pode produzir em uma criança? Como ela irá reagir diante da imagem do "Deus pai", se a figura humana lhe falta e se, dentro de uma religião patriarcal, é provável que não lhe seja ensinada a possibilidade de enxergar a imagem de "Deus mãe"?

• Ismael é a criança negra que padece no deserto atual das duras e áridas ruas das grandes cidades, e que pede uma moeda, ou algo para comer e/ou matar a sua sede. Na cidade de São Paulo, por exemplo, nos últimos quatro anos (de 2015 a 2019), o número de crianças e adolescentes em situação de rua subiu de 202 para 664 (PEREIRA, 2020).

• Ismael também se faz presente quando olhamos para o número de crianças no mercado de trabalho, impedidas de viver com dignidade. Dados indicam que há aproximadamente um milhão de crianças e jovens trabalhando (*O Globo*, 2019), quando deveriam estar estudando e exercendo com alegria e leveza aquilo que Ismael bem fez: brincando e rindo, mas, tal como no relato bíblico, há adultos mal-intencionados ao redor dos pequenos, culpabilizando-os por existir e impedindo-os de rir.

• Ismael é a criança negra que morre alvejada pelas balas perdidas, que "por coincidência" (que eu não creio ser "tão coincidente" assim) sempre encontram um corpo negro. De acordo com o levantamento feito pela ONG Rio de Paz, de 2007 a 2018, foram 57 crianças mortas por balas perdidas no Rio de Janeiro (CORRÊA, 2019). Crianças cheias de vida, de brincadeiras e de sonhos. Mas perderam o direito de sorrir, de viver entre os seus e traçar planos para o futuro. Vez por outra, morreram assim ao lado da mãe que, tal como Agar, gritou, clamou por justiça e misericórdia, mas não teve uma intervenção mística e tampouco a proteção do Estado.

Ismael ainda se faz presente entre nós e aguarda nossas reações hermenêuticas e teológicas. É urgente que teólogas e teólogos negros revisitem suas leituras e métodos exegéticos, que tragam reflexão e práticas de libertação. E isso não é novidade, desde a década de 1960, quando o teólogo norte-americano James Cone começou a discutir e produzir conteúdos sobre a teologia negra da libertação, ele já apontava para essa necessidade:

> A teologia cristã é a linguagem acerca do caráter libertador da presença de Deus em Jesus Cristo, quando Ele chama o seu povo para ser livre no mundo. A tarefa do teólogo, como membro do povo de Deus, é tornar claro aquilo que a Igreja crê e faz em relação à participação dela na obra libertadora de Deus no mundo (CONE, 1985, p. 16-17).

É certo que no Brasil temos uma teologia fortemente marcada por leituras e práticas eurocêntricas, que não capturam a necessidade do povo negro e, muito menos, de nossos descendentes. Logo, se faz urgente e necessário que recuperemos o sentido prático e liberador da teologia negra, trazendo à tona a vida plena e a dignidade do nosso povo, e isso inclui as pequeninas e os pequeninos. Ninguém pode pregar a liberdade, a dignidade e a transformação ignorando o fato de que as crianças negras ainda estão sofrendo com um sistema que segue reproduzindo práticas de exclusão, discriminação, escravidão e morte.

3 Eles querem o nosso choro, mas Ismael ainda ri...

Com a graça e intervenção do sagrado, Ismael é socorrido; recebe água boa, capaz de saciar a sua sede e o fortalecer para que siga e cresça no deserto. Ele encontrou a vida plena que, certamente, lhe trouxe outros riscos e, talvez, outros choros também. Mas "Deus estava com o menino" (Gn 21,20). E ele cresceu e, contrariando a expectativa daqueles que o enviaram ao deserto, sobrevive, cresce e torna-se um "flecheiro" – profissão que exige habilidade, coragem e que atrai os olhares e respeito de quem está ao redor. O menino faz história e, tal como conta-se nas narrativas bíblicas, *Deus esteve com ele*.

Quantas outras crianças não experimentaram a aridez de outros desertos? Quais outras histórias poderíamos partilhar? Penso, por exemplo, nas aventuras de infância de Nelson Mandela, que precisou superar as questões raciais e enfrentar muitos desertos, incluindo o fato de ser a primeira criança de sua comunidade a ingressar na escola, em 1925, na África do Sul. E detalhe: o menino que outrora chamava-se Rolihiahia Dalibhunga Mandela precisou adotar um nome inglês, ou mais "adequado", algo que fosse familiar para sua professora vinda da cidade: Nelson (HIROSE, 2019, p. 32). Adaptar-se aos devaneios do sistema para sobreviver e marcar a história. De certo, Deus também esteve com esse menino.

Quem nunca se deparou com a história de Ruby Bridges (*Portal Geledés*, 2015), a menina de apenas seis anos que, em 1960, acompanhada por guardas, enfrenta uma multidão racista que grita e espalha todo o seu ódio ao ver uma criança negra, em um período de segregação racial, adentrar em uma escola construída para crianças brancas em Nova Orleans, nos EUA? Os adultos, muitos ali tementes a Deus, ofendem Ruby Bridges, esperando o seu choro, porque só os seus filhos tinham o direito de rir. Mas Bridges não se entrega, encara-os e segue. Faz história. Torna-se um exemplo de superação e coragem. É uma versão de Ismael, que segue apesar dos perigos e dos desertos, e que conta com a proteção sagrada e transcendente que marcha ao seu lado na entrada e na saída da escola e que, de certo, ouviu suas possíveis orações e choros.

E na atualidade é possível seguir ouvindo narrativas como essa em diversos setores da sociedade: nas comunidades de fé, nos nossos bairros, nas escolas e nas nossas famílias. É certo que ainda há muito preconceito e exclusão, mas nós estamos lá. Nossas crianças estão lá. Ainda que Sara nos persiga e que o nosso riso incomode, nossas crianças negras seguem superando os desertos. Podemos ver isso nos exemplos abaixo:

• Wendel Santos, bailarino da periferia de São Paulo, que aos 12 anos supera preconceitos de gênero e raça, classifica-se para um festival em Nova York (*Estadão*, 2020). Ou ainda: as crianças de uma escola pública de Pernambuco, que organizaram um projeto denominado "Consciência, cor e arte" (FERRAZ, 2019) com o objetivo de combater o racismo na escola e refletir sobre as práticas discriminatórias presentes nas relações interpessoais, no ambiente escolar e nas comunidades quilombolas no entorno do prédio e de onde vem grande parte dos alunos e alunas. Projeto reconhecido e premiado. Promoção de vida, de risos, partilha de água boa em odres que transbordam, ainda que estejamos no deserto.

E nós, protestantes? O que temos feito? Como temos colaborado e incentivado outras crianças a contarem suas histórias de superação e transformação? Como temos partilhado as histórias da Bíblia e as histórias da nossa vida para que as crianças compreendam a ação de Deus junto aos seus? Temos valorizado e exaltado a beleza de seus traços, de sua pele e de seus cabelos? Temos incentivado os seus risos e temos estendido nossas mãos quando elas choram? Temos água boa para partilhar na caminhada pelos desertos da atualidade? Porque a sociedade ainda espera o choro das nossas crianças negras e ainda naturalizam as suas dores. Mas é a prática de uma teologia viva e libertadora que há de conduzir as nossas crianças por caminhos de superação.

Considerações finais

Olhar para o menino da trama é enxergar as crianças que circulam ao meu redor. É enxergar as crianças negras do meu bairro, da minha comunidade de fé. É enxergar a vida que saltou do meu ventre. São crianças que carregam no corpo histórias distintas; na mente sonhos e aventuras infinitas; no rosto sorrisos, nem sempre bem-interpretados; e na pele uma melanina que, vez por outra, define seu local e seus limites em uma sociedade marcada por traços escravagistas.

O riso de Ismael incomoda. A vida plena manifesta em risos e brincadeiras irritam pessoas opressoras, tal como Sara, que acreditava que apenas o seu filho tinha o direito de sorrir. O riso das crianças negras incomoda. Mas há quem resista. Certamente há adultos, em sua comunidade de fé, envolvidos em uma educação liberadora e transformadora, que recupere a autoestima de nossas crianças e lhes devolva o direito de serem protagonistas de suas narrativas, e de se enxergarem nos textos sagrados. E se não há, o que impede você de começar esse movimento?

Há um provérbio africano que diz: "É necessária toda uma aldeia para criar uma criança", é uma forma de dizer o quanto todos os adultos que estão ao redor tornam-se indispensáveis na educação das pequenas e dos pequenos. Veja o quanto a cumplicidade, a força e dedicação de Agar foram essenciais para a sobrevivência do menino. Veja o quanto os demais exemplos citados neste texto precisaram do apoio de uma rede promotora de vida. Pessoas que agem tal como o anjo da narrativa bíblica e que trazem palavras e ações de esperança e de encorajamento. Assim deve ser o nosso fazer teológico e o nosso exercício hermenêutico. Práticas que promovam uma mudança de vida e que colaborem para que outras crianças sigam sorrindo e escrevendo suas próprias histórias de fé e superação.

Referências

A Bíblia Sagrada: Antigo e Novo Testamento. Trad. J.F. de Almeida. 2. ed. São Paulo: Sociedade Bíblica do Brasil, 1999.

Bíblia Sagrada. Edição pastoral. São Paulo: Paulus. Disponível em: https://biblia.paulus.com.br/ – Acesso em: 6 dez. 2021.

CALDEIRA, C. Hermenêutica negra feminista: um ensaio de interpretação de Cântico dos Cânticos 1,5-6. *Revista Estudos Feministas*, v. 21, n. 3, p. 1.189-1.210, 2013.

CONE, J.H. *O Deus dos oprimidos*. São Paulo: Paulinas, 1985.

DREHER, C. Auxílio Homilético. Gênesis, v. 21, n. 21, p. 21. *In*: TREIN, H.A.; KILPP, N. (coords.). *Proclamar libertação*: auxílios homiléticos. São Leopoldo: Sinodal, 1988.

HIROSE, C. Nelson Mandela, uma experiência de educação para a justiça. *International Studies on Law and Education*, v. 31, p. 32, 2019.

LEIBER, J.; STOLLER, M. Erva venenosa. *In*: Os Golden Boys. *Poison ivy*, 1965. Disponível em: https://www.you tube.com/watch?v=m0gl-FADTYc – Acesso em: 27 abr. 2020.

SILVA, M.R. Teologia Afro (ou Negra) da Libertação: balanço e perspectivas. *Horizonte – Revista de Estudos de Teologia e Ciências da Religião*, v. 11, n. 32, p. 1.769-1.776, 19 dez. 2013.

SILVA, R.R. Figueiras e senhores: provocações da vida em vozes e escritas hebraicas. Projeto História. *Revista do Programa de Estudos Pós-Graduados de História*, v. 26, 2003.

Sites consultados:

A pequena Ruby Bridges e a história do racismo nos EUA. *Portal Geledés*, 7 nov. 2015. Disponível em: https://www.geledes.org.br/a-pequena-ruby-bridges-e-a-historia-do-racismo-nos-eua/# – Acesso em: 20 abr. 2020.

AMENDOLA, G. Classificado para festival em NY, bailarino brasileiro de 12 anos luta para arrecadar dinheiro. *Estadão*, 8 fev. 2020. Disponível em: https://sao-paulo.estadao.com.br/noticias/geral,classificado-para-festival-em-ny-bailarino-brasileiro-de-12-anos-luta-para-arrecadar-dinheiro,70003186328

ARAGAKI, C. O abandono paterno afetivo além das estatísticas. *IP Comunica*, 7 ago. 2019. Adaptação. Disponível em: http://www.ip.usp.br/site/noticia/o-abandono-afetivo-paterno-alem-das-estatisticas/ – Acesso em: 20 abr. 2020.

Brasil tem 1,8 milhão crianças e jovens que exercem trabalho infantil. *O Globo*, 5 jul. 2019. Disponível em: https://oglobo.globo.com/economia/brasil-tem-18-milhao-de-criancas-jovens-que-exercem-trabalho-infantil-23785927 – Acesso em: 20 abr. 2020.

CORRÊA, D. Rio da Paz faz homenagem às 57 crianças mortas por balas perdidas. *Agência Brasil*, 23 set. 2019. Disponível em: https://agenciabrasil.ebc.com.br/geral/noticia/2019-09/rio-de-paz-faz-homenagens-57-criancas-mortas-por-balas-perdidas. Acesso em: 21 abr. 2020.

FERRAZ, A. Projetos sociais de Pernambuco ganham premiação nacional. *Folha de Pernambuco*, 22 out. 2019. Disponível em: https://www.folhape.com.br/noticias/noticias/cotidiano/2019/10/22/NWS,120471,70,449,NOTICIAS,2190-PROJETOS-SOCIAIS-PERNAMBUCO-GANHAM-PREMIACAO-NACIONAL.aspx

PEREIRA, P. Criando filhos na rua: número de crianças e adolescentes que vivem com famílias na rua em SP cresce 31,4% em quatro anos. *Jornal Estadão*, 14 fev. 2020. Disponível em: https://www.estadao.com.br/infograficos/cidades-criando-os-filhos-na-rua,1075914 – Acesso em: 21 abr. 2020.

X

Leitura feminista negra da Bíblia
Cântico dos Cânticos 1,5-6 e África como autorreferencial[69]

*Cleusa Caldeira**

Introdução

A sociedade escravocrata, na qual o Brasil se formou, colocou as mulheres negras na posição de subalternas. Essa relação foi construída com a legitimação bíblica a partir de traduções e interpretações de cunho eurocêntrico, etnocêntrico e racista[70]. É importante res-

---

69. Este capítulo é uma versão modificada e ampliada do artigo "Hermenêutica negra feminista: um ensaio de interpretação de Cântico dos Cânticos 1,5-6". *Revista Estudos Feministas*, v. 21, p. 1.189-1.210, 2013.

* Doutora em Teologia pela Faculdade Jesuíta de Filosofia e Teologia (FAJE), Belo Horizonte. Atualmente desenvolve um projeto pós-doutoral na FAJE, por meio do qual esboça uma teologia negra em perspectiva decolonial. Atua como pastora na Igreja Presbiteriana Independente do Brasil e na Igreja Presbiteriana Unida. Militante pelos direitos humanos da população negra e do Movimento dos Trabalhadores Sem Terra (MST). Professora colaboradora na Faculdade Jesuíta de Filosofia e Teologia. País de origem: Brasil. Apoio: CAPES. ORCID https://orcid.org/0000-0001-7202-0682. E-mail: cleucaldeira@gmail.com

70. A leitura eurocêntrica da Bíblia é a leitura que elege o homem branco, europeu e cristão como norma e ideal de humanidade; era praticada no período de colonização, no qual os europeus transplantavam sua cultura e suplantavam as culturas autóctones. E ainda hoje alimenta o imaginário sociocultural tanto na Europa como nos países que foram colonizados.

saltar que, historicamente, a Bíblia não foi neutra diante da escravidão, antes serviu como "ferro em brasa" e "algemas" que aprisionavam negras e negros no "doce inferno" do engenho de açúcar (FRISOTTI, 1994, p. 37).

Nesse sentido, teólogas negras e teólogos negros não têm medo de dizer que a Bíblia para a comunidade negra é uma "fonte amarga", porque ela foi usada não apenas para legitimar a escravidão como também para amaldiçoar o povo negro, por meio de interpretações racistas, classistas e etnocentristas (FRISOTTI, 1994, p. 39). À mulher negra foi relegado o papel de feiticeira, escrava, sensual, pecadora, libertina, o que contribuiu para a construção de um imaginário negativo em relação ao seu corpo: estereotipado e considerado feio.

Apesar de toda experiência de dor, num ato de subversão e resiliência, a comunidade negra se apropria da Bíblia porque acredita que ela pode ser, também, uma "fonte de alegria e prazer", quando nós negras e negros nos tornamos sujeitos na leitura bíblica. É uma reivindicação legítima o enegrecimento da teologia, das teólogas e dos teólogos, porque a reflexão teológica deve partir da mulher negra e do homem negro, uma vez que uma teologia vinda de fora é susceptível de ser colonizadora. Na diáspora negra, essa reivindicação tem suas raízes, principalmente, em dois modos de fazer teologia: a teologia negra e a teologia da libertação.

A teologia negra nasceu entre 1966 e 1969, nos Estados Unidos, das lutas do povo negro, tendo como pano de fundo a experiência histórica da escravidão e segregação racial. Essa teologia não é um dom do Evangelho partilhado pelos colonizadores aos negros escravizados.

Antes, como descreveu o teólogo James Cone, a teologia negra "é uma *apropriação* que os escravos negros fizeram do Evangelho que lhes fora dado pelos seus opressores" (CONE; WILMORE, 1986, p. 122, grifo do autor). Inteiramente comprometida com a vida, a teologia negra nasce da experiência concreta do povo negro escravizado e segregado. Diante da teologia branca, eurocêntrica e racista, que legitima o sistema de opressão, a teologia negra emergiu para cultivar a esperança de sobrevivência e reexistência do povo negro. Em outras palavras, a teologia negra "é uma teologia de libertação" (CONE; WILMORE, 1986, p. 123), ela é a afirmação da humanidade negra e emancipação do racismo branco e, consequentemente, geradora da verdadeira libertação, que acontece tanto para o povo negro quanto para o povo branco. Evidentemente que a libertação do povo branco passa pelo arrependimento, engajamento em uma atitude antirracial e justiça para com o povo negro.

Mas, em seu primeiro momento, a teologia negra norte-americana não contemplava a diversidade de contextos existentes no mundo, portanto, não enfocava outras pessoas em situação de opressão e marginalização. Era preciso uma reformulação do pensamento teológico desenvolvido nos Estados Unidos. A própria questão de gênero não foi considerada pela teologia negra em seu início, já que havia um silêncio em relação à experiência das mulheres negras, mesmo elas constituindo metade da população negra e 75% da igreja negra. Falava-se da experiência de homens negros isenta da contribuição das mulheres negras. Esse silêncio foi desafiado com o aparecimento de teólogas negras tomadas pela consciência feminista e negra. James Cone declarou que esse silêncio dos homens negros em relação à opressão das mulheres negras se devia ao machismo dos teólogos negros que achavam que o feminismo era ideia de mulher branca de classe média e, ao mesmo tempo, afirmavam "controversamente que a mulher negra já estava liberta" (CONE; WILMORE, 1986, p. 239). Mas, a partir de 1977, as mulheres afro-americanas feministas fizeram a correlação entre racismo, sexismo e classismo, dando origem a *womanist theology*, a teologia feminista na perspectiva negra (LÓPEZ, 2008, p. 974).

A teologia da libertação, por sua vez, emergiu na América Latina a partir de Medelín (1968-1975) como uma reflexão teológica autóctone que fazia, explicitamente, a opção preferencial pelos pobres, com o objetivo de alcançar a sua libertação integral, ou seja, não apenas se busca a libertação do pecado individual, mas a libertação do pecado social que escraviza e marginaliza uma grande parcela do continente (BOFF, 1980, p. 30-42). Contudo, a crítica do povo negro à teologia da libertação é que esta "supere as categorias genéricas político-sociais e dê um passo adiante para estabelecer um compromisso com rostos concretos que vivem em situação de opressão cultural e étnica" (PADILHA, 2003, p. 111). Portanto, fazia-se necessário assumir que a grande raiz da pobreza e marginalização era a questão étnica/racial.

Assim, a teologia da libertação e a teologia negra e suas hermenêuticas impulsionaram o aparecimento da teologia afro-americana, ou melhor, foram suas limitações que possibilitaram o surgimento dessa nova teologia contextual. É a partir da constatação de que a discriminação racial é o fator determinante para a situação do povo oprimido que emerge a hermenêutica negra, ou seja, é do reconhecimento de que o *pobre é negro e o negro é pobre* que surge a pergunta ético-teológica: Onde está Deus diante da opressão racial?

A teologia afro-americana procede da realidade do povo negro na América Latina e Caribe, de sua história, cultura, espiritualidades, saberes ancestrais e seus conhecimentos milenares. Essa elaboração teológica só é possível quando esse povo negro redescobre o valor que tem sua *cosmopercepção* e, simultaneamente, cada pessoa negra toma consciência de sua negritude e da importância de seu papel na comunidade (ANDRADE, 1998, p. 77).

Dessa teologia deriva a hermenêutica negra feminista, na qual a "mulher negra passa a ter visibilidade e se assume como intérprete e artífice da história" (LÓPEZ, 2005, p. 183). A preocupação primária da hermenêutica negra feminista é pela situação concreta do racismo, do sexismo e do classismo subjacente à experiência das mulheres negras na América Latina e Caribe, ou seja, reconhece que há uma interseccionalidade da opressão que atravessa o corpo da mulher negra. Essa hermenêutica compreende que é necessário desmascarar a pretensa neutralidade histórica, bem como resgatar a mulher negra da condição de subalterna a que foi submetida pelo imaginário sociorreligioso hegemônico formado por uma interpretação branca, androcêntrica e racista. Nesse imaginário consagrou-se uma estética racista, na qual a mulher negra está sempre relacionada à fraqueza da carne, à sensualidade, à tentação, ao pecado e à fealdade.

A hermenêutica negra feminista é, portanto, a interpretação realizada na perspectiva da mulher negra, que tem como tarefa primordial desmascarar as interpretações tendenciosas e reinterpretar o relato bíblico e o mundo da vida na perspectiva do povo negro/africano. Isso inclui recuperar a própria história do cristianismo primitivo e, também, a influência africana na autocompreensão dos israelitas (hebreus) no Antigo Testamento e no Novo Testamento. Presença e influência africana que o Ocidente vem ocultando ao longo dos séculos, promovendo um imaginário sociorreligioso branco e racista. Contar a história do cristianismo africano é fundamental para reconstruir a nossa identidade afro-brasileira e contribuir com o agenciamento da negra e do negro em sua própria libertação.

Com esse objetivo, nos aproximamos do livro do Cântico dos Cânticos, mais especificamente a perícope 1,5-6, na qual aparece uma mulher que se autodeclara negra e bela, mas que a tradição interpretativa tem instrumentalizado para ratificar uma estética racista afirmando a incompatibilidade entre negritude e beleza. Antes, porém, de entrar no poema em questão, é importante um breve resgate sobre o Cântico dos Cânticos.

1 Cântico dos Cânticos

A Bíblia, como sabemos, é composta de uma coletânea de 66 livros, divididos em: 39 do Antigo Testamento e 27 do Novo Testamento[71]. Dentre todos esses livros,

---

71. Assumimos o cânon protestante, mas é preciso dizer que o cânon católico conta com 73. O que difere são os sete livros do Antigo Testamento: Tobias, Judite, Sabedoria, Eclesiástico, Baruc e Macabeus I e II.

o livro do Cântico dos Cânticos é considerado o mais lido e comentado da história interpretativa da Bíblia. Nenhum outro livro da Bíblia oferece uma diversidade de leituras como o Cântico dos Cânticos. Isso acontece, evidentemente, pelo fascínio dos poemas em si e, também, pela dificuldade de compreensão das diversas imagens e mensagens presentes nos poemas; resultando em interpretações diferentes e divergentes. Embora essa diversidade seja o testemunho da polissemia do texto, no Cântico dos Cânticos a grande dificuldade parece residir no conteúdo erótico dos poemas.

Para a nossa racionalidade ocidental, é muito difícil compreender que esses poemas eróticos foram assumidos enquanto tais ao serem escolhidos para compor o cânon sagrado. Alguns intérpretes defendem que foi a leitura alegórica dos poemas que viabilizou a sua entrada no cânon, pois nesse tipo de leitura remove-se todo o erotismo dos poemas, promovendo-se a sua espiritualização.

1.1 Poemas eróticos na Bíblia (?)

De fato, a leitura alegórica do Cântico dos Cânticos tem sido a mais comum em toda a história da interpretação do livro, como uma leitura condicionada pelo dualismo antropológico[72]; resultado direto de alguns paradigmas corporais que surgiram no transcurso da história, tais como o *maniqueísta* que resulta no desprezo ao

---

72. É Humberto Eugênio Maiztegui Gonçalves quem faz uma descrição detalhada das leituras do Cântico dos Cânticos, que forneceu a base para este tópico (cf. MAIZTEGUI GONÇALVES, 2001).

corpo, ao sexo e à mulher, o *platônico* no qual o corpo é o sepulcro da alma, o *aristotélico-tomista* que faz da alma a forma do corpo e o *cartesiano* que estabelece o dualismo entre corpo e alma (SILVA, 1997, p. 11-120).

A alegoria cristã, e dentro dela a tipológica, identificou a figura masculina com Cristo e a feminina com a comunidade pecadora. O Novo Testamento, nessa perspectiva, passa a ser a "chave hermenêutica" para compreender o Cântico dos Cânticos, assim, não existe uma argumentação textual para compreender o erotismo e a sexualidade nesse texto. O principal representante cristão da leitura alegórica é Orígenes (185-254 d.C.) (cf. MORLA, 2004). Orígenes procurava identificar a noiva com a alma fiel a Deus, em uma perspectiva mais individual. Contudo, sua interpretação procurava relegar a um plano espiritual a sexualidade, o que resulta na castração imposta ao Cântico dos Cânticos. Essa leitura realizada por Orígenes é uma espécie de projeção ao texto bíblico daquilo que Orígenes fez a si mesmo, a saber, ele tinha aversão ao sexo e, por isso, chegou ao extremo de castrar a si mesmo (MORLA, 2004). A espiritualização dos poemas é, portanto, uma característica da leitura alegórica.

Além da leitura alegórica, as interpretações do Cântico dos Cânticos podem ser agrupadas em dois grandes tipos de leitura, a saber: *leitura natural ou literal* e *leitura mítica ou cultural*. A leitura natural/literal do Cântico dos Cânticos foi realizada por Teodoro de Mopsuéstia (360-429 d.C.) para rechaçar as leituras alegóricas dos poemas. Para ele, Salomão escreveu os poemas para responder às críticas por ter se casado com uma mulher egípcia, ou seja, uma jovem africana (COLOMBO, 1970). Nesse sentido, Teodoro de Mopsuéstia defendeu a exclusão do Cântico dos Cânticos do cânon sagrado por se tratar de um livro que aborda o amor profano. Sua leitura, contudo, foi condenada no Concílio de Constantinopla (550 d.C.), pois havia uma hegemonia em relação às leituras alegóricas do Cântico dos Cânticos.

Por outro lado, Maiztegui Gonçalves questiona se é possível entender poesia feminina de erotismo sagrado sem vinculá-la de uma forma ou outra às divindades da fertilidade. Essa é a base da leitura mítica/cultural, resultado de exegese moderna, que tenta responder à questão relacionando o Cântico dos Cânticos com poesias eróticas do Antigo Oriente (MAIZTEGUI GONÇALVES, 2001, p. 54). A leitura mítica reafirma o valor do amor sexual, porém de forma distinta das leituras naturalistas, no sentido de que a relação sexual está permeada de uma atmosfera mística, sagrada. Como afirma Maiztegui Gonçalves, o problema da leitura mítica é de cunho teológico, pois essa leitura indicaria que há uma teologia implícita no Cântico dos Cânticos. Mas, se há uma teologia implícita ou explícita, certamente esta não confere com a teologia oficial, fazendo o Cântico dos Cânticos ainda mais subversivo, porque o vincularia às divindades femininas do Antigo Oriente e, simultaneamente, a outras culturas, inclusive de povos africanos (MAIZTEGUI GONÇALVES, 2001, p. 53). Acredita-se que a dificuldade em assumir essa ligação está em ter que admitir que Israel também "bebeu" da fonte religiosa de outros povos, principalmente dos povos africanos.

Nancy Cardoso Pereira entende que o Cântico dos Cânticos apresenta uma ruptura paradigmática nos parâmetros teológicos e literários, aproximando-o de outros textos do pós-exílio como Rute e Jonas, uma vez que no pós-exílio surgiram novas formas de discursos teológicos que visavam a libertação da própria teologia. Assim, o Cântico dos Cânticos seria um poema contra-hegemônico feminino que "se alimenta nas muitas formas de cultura e memória popular, se combinam, nesta literatura, com maior abertura e diálogo com outras culturas e cenários tão internacionalizados deste período" (PEREIRA, 1993, p. 52). Esse caráter contra-hegemônico leva à compreensão da necessidade de se aproximar do Cântico dos Cânticos com novos instrumentais metodológicos que possibilitem a ampliação de nossa cosmopercepção e, assim, leve em consideração a história israelita a partir do seu aporte antropológico e, também, que seu patrimônio cultural e religioso estejam inseridos em um universo (pluriverso) mais amplo com raízes na África e Ásia Menor. Para isso, faz-se necessário o estabelecimento de novos centros que viabilizem a construção da presença negra na constituição de Israel, ou seja, uma abordagem multicultural.

É importante ressaltar que, diante das considerações sobre os tipos de leituras realizadas no Cântico dos Cânticos, reconhecemons que todas são importantes para a história interpretativa e são legítimas. Contudo, optamos por adentrar no texto a partir de uma leitura mais antropológica, que permita recuperar a sexualidade e o erotismo do Cântico dos Cânticos, em que a experiência do divino encontra-se misturada ao cotidiano.

Nessa leitura, o corpo emerge como lugar da manifestação do divino. Além do tipo de leitura, a questão do conteúdo e da autoria do Cântico dos Cânticos também são alvos de questionamentos. Seria mesmo o Rei Salomão o autor dos poemas, como é anunciado logo no início: "Cântico dos Cânticos de Salomão" (cf. Ct 1,1)?

1.2 Poemas de Salomão ou poemas femininos?

A autoria salomônica do Cântico dos Cânticos, além do título (cf. Ct 1,1), está relacionada à sua fama descrita em 1 Reis 5,12, onde diz que Salomão "pronunciou três mil provérbios, e seus cânticos são em número de mil e cinco"[73]. Contudo, esse texto não é considerado uma evidência textual para a paternidade salomônica do Cântico dos Cânticos, em especial porque quantitativamente não há correspondência. E há outros poemas no Cântico dos Cânticos que colocam em xeque a autoria salomônica, de modo especial, a crítica que se faz ao Rei Davi, pai de Salomão, em Cântico 4,4, bem como ao próprio Salomão em Cântico 8,12[74].

Salvo algumas exceções, na América Latina a autoria salomônica já é uma questão superada. Isso não

---

73. Texto retirado da Bíblia TEB.

74. Pablo Andiñach é quem elabora a mais completa lista refutando a autoria salomônica. Para tanto, aponta os seguintes argumentos: a) em Cântico 4,4 Davi é nomeado de uma maneira difícil de aceitar, se admitirmos que o autor esteja falando de seu pai; b) em Cântico 8,11 diz-se "Salomão tinha uma vinha", expressão que supõe que o autor do verso não é o próprio Salomão, nem um contemporâneo do monarca; c) em 8,12 o autor abomina a riqueza de Salomão com palavras severas, para afirmar sua própria vinha; d) do ponto de vista linguístico, o título (1,1) não corresponde ao resto do texto.

significa que não existam leituras contemporâneas que consideram Salomão o autor do Cântico dos Cânticos, uma vez que essa é a interpretação consagrada no imaginário popular e patriarcal. Há pesquisadores e pesquisadoras que argumentam que a menção a Salomão no início do livro teve como propósito legitimar a presença do conjunto de poemas eróticos no cânon bíblico. Nessa perspectiva, com a crítica feminista, não foi difícil chegar a postular a autoria feminina para os poemas do Cântico dos Cânticos; que possibilita uma subversão na história da interpretação dos poemas que foi deserotizada por séculos e, também, ajuda a resgatar o sentido feminino dos poemas.

Pablo Andiñach é quem melhor defende a autoria feminina como sistematizadora do Cântico dos Cânticos e a tese de que a redação do texto pode ser situada desde o século X até o século IV a.C. Segundo Andiñach, o Cântico dos Cânticos é uma antologia de poemas ordenados que foram recompilados por uma mulher no pós--exílio, que atualizou alguns poemas "cujos dados históricos" indicam uma origem anterior a ela, imprimindo neles o sinal de sua época. Para Andiñach, a pertença feminina do Cântico dos Cânticos não necessitaria de apologia se "não fosse nossa mentalidade estreita que acha estranho uma mulher ser autora de um livro da Bíblia" (ANDIÑACH, 1998, p. 20). Ademais, no Cântico dos Cânticos a mulher aparece como porta-voz de si mesma, diferente de outros livros bíblicos que um narrador relata o protagonismo feminino, como Rute e Ester.

No Cântico dos Cânticos, a voz de mulher (amada) se apresenta sempre em primeira pessoa. Além do mais, em duas ocasiões a voz do homem (o amado) é mediada pela mulher (2,10-14; 5,2), e o contrário não acontece em todo o livro. Andiñach argumenta que o acréscimo do título (Ct 1,1) acabou ocultando a pertença feminina do Cântico dos Cânticos (ANDIÑACH, 1998, p. 21).

É libertador postular a autoria feminina do Cântico dos Cânticos situando-o em um contexto específico de grande obscuridade para as mulheres, a saber, no pós--exílio. Recordemos que o período do pós-exílio corresponde às reformas de Neemias e Esdras, cujo período de restruturação social com a construção do Segundo Templo esteve marcado por uma grande opressão e violências contra os corpos das mulheres em geral, e, especificamente, os corpos de mulheres estrangeiras. Nesse contexto do pós-exílio, esses poemas serviram de resistência para as mulheres (LORASCHI, 2000, p. 48). Contudo, como defende Maiztegui Gonçalves, é muito mais subversivo postular uma autoria coletiva e feminina e não apenas uma autoria individual ou sistematização final (MAIZTEGUI GONÇALVES, 2001, p. 29). Nesse horizonte, o que teríamos no Cântico dos Cânticos não é a voz de uma mulher, mas uma *sinfonia* de muitas vozes.

1.3 O poema da mulher negra em Cântico dos Cânticos 1,5-6

Nosso objetivo, neste trabalho, no meio dessa sinfonia de poemas femininos, é discernir a voz da mulher que recitou os versos do poema do Cântico dos Cânticos 1,5-6:

> Eu sou negra e formosa, ó filhas de Jerusalém, como as tendas de Quedar, como as

> cortinas de Salmar. Não (!) vejais que eu sou negra, que me avistou o sol. Os filhos da minha mãe ficaram raivosos comigo, puseram-se a guardar os vinhedos; a minha vinha não guardei[75].

Por meio da instrumentalidade da hermenêutica negra feminista, mostraremos como esse texto tem sido interpretado a partir da ótica ocidental, marcadamente racista, sexista e classista. Em seguida, pretendemos mapear as informações fornecidas no próprio texto, com o objetivo de estabelecer um novo sentido, reconhecendo a sua polissemia. Para isso, faremos uso da análise sincrônica, ou seja, a narratologia. Com base nesse método é possível a interação da leitora e do leitor com o texto, o que também implica analisá-lo em três níveis: a) Quem fala? Ou seja, quem está contando a história? b) Quem vê? Ou melhor, quais imagens da realidade (imaginário) são apresentadas? c) Quem age? Quais são as relações existentes entre as personagens e os eventos relatados? (cf. SIMIAN-YOFRE, 2000, p. 123-148). Mas, antes de buscar um novo sentido para esse poema, é fundamental desvelar e superar as interpretações racistas que cristalizaram uma estética racista.

2 Desvendando e transgredindo a estética racista

A primeira questão em torno da leitura de Cântico dos Cânticos 1,5-6 é a naturalização da estética racista que opõe negritude e beleza. Uma das raízes da ideo-

---

75. Tradução nossa do texto em hebraico da Bíblia Hebraica Stuttgartensia (1997).

logia racista que se disseminou por todo o Ocidente, inviabilizando a conjugação de negritude e beleza, está na exegese patrística de cunho alegórico. Muitos foram os Pais da Igreja que realizaram uma leitura alegórica do Cântico dos Cânticos 1,5-6, mais especificamente na autoafirmação: "Eu sou negra, **mas** formosa". Nessas leituras, negritude e beleza são sempre contrapostas. Assim, para Ambrósio (340-397), ela é "negra pela fragilidade humana, mas bela pelo sacramento da fé", ou pode ser, como afirma Cassiodoro (485-551), "negra no corpo, mas bela no mérito". Também, como enfatizou Gregório de Nissa (330-395), "negra por causa do pecado, mas bela por meio do amor". A questão que está por trás dessas afirmações foi exposta por Gregório de Elvira (300/350-392), a saber: "Como pode qualquer coisa negra ser bela, ou qualquer coisa bela ser negra?" (WRIGHT, 2007, p. 390-395). Mas foi Orígenes (185-254 d.C.), por meio do seu comentário ao Cântico dos Cânticos, quem mais influenciou o pensamento ocidental sobre a contraposição de negritude e beleza. Veja como Orígenes disseminou seu racismo.

> Negra pela ignomínia da raça, mas formosa pela penitência e pela fé [...] Negra pelo pecado, mas formosa pela penitência e fé [...] Sou negra, mas formosa: pois não fico até o fim na negridão, mas subo branqueada [...] Ela que é negra não é assim pela natureza, nem criada assim pelo Criador, mas sofreu essa situação acidentalmente [...] Assim é a situação dessa gente etíope, que tem uma natural negridão proveniente da sucessão carnal, pois nessas paragens o sol arde com mais fervor e os corpos já queimados permanecem

do mesmo jeito pela sucessão do vício [...] Do contrário com a negridão da alma, esta não se adquire pelo nascimento, mas pela negligência. A alma se tornou negra porque desceu [pelo pecado]. Mas quando começa a subir, ela se torna branca e cândida: rejeitando a negridão ela começa a irradiar a verdadeira luz (ORÍGENES, 1991, p. 107-129).

Na interpretação patrística, a mulher negra não pode ser bonita devido à sua cor; sua beleza só é possível por meio da penitência e da fé. A negritude está ligada à ideia de pecado. Desse modo, Deus não poderia ter criado essa "raça"; sua cor é acidental pelo pecado. O que se constata é que a interpretação patrística de Cântico dos Cânticos 1,5-6 tem servido para formatar o imaginário racista e, ao mesmo tempo, condenar o erotismo, a sensualidade e a beleza do corpo da mulher negra, ou seja, para justificar ideologias sexistas, classistas e racistas.

Uma das dificuldades de interpretação desse poema é se a autoapresentação que define a mulher como negra por duas vezes, em Cântico dos Cânticos 1,5-6, é uma expressão única ou se pode considerá-las como duas apresentações independentes. A polêmica é se ela é uma mulher negra (Ct 1,5) ou sua cor é devida ao sol que a queimou (Ct 1,6). Em 1,5, ser negra parece estar ligado à beleza e, em 1,6, parece ser uma marca da opressão (MAIZTEGUI GONÇALVES, 2001, p. 103).

Gianfranco Ravasi traduz Cântico dos Cânticos 1,5 assim: "Tenho a pele escura, mas sou fascinante" (RAVASI, 1988, p. 46). O *"vav"* [e] hebraico que separa os vocábulos "escura" e "fascinante" é interpretado como conjunção adversativa "mas" ou "porém". Assim, Cântico dos Cânticos 1,6 é usado como chave para a interpretação de Cântico dos Cânticos 1,5, pois em 1,6 a razão de ser negra é "o sol que me bronzeou", como uma desculpa pela cor que, nesse caso, não é considerada atributo de beleza, mas uma consequência de ter sido forçada a trabalhar sob o sol.

O bispo anglicano Humberto Eugênio Maiztegui Gonçalves adverte que usar Cântico dos Cânticos 1,6 como chave interpretativa para 1,5 pode caracterizar uma interpretação tendenciosa, especialmente quando feita por alguém que não é negra ou negro, pois se elimina a possibilidade de que, em 1,5, a negritude seja um sinal de beleza (MAIZTEGUI GONÇALVES, 2001, p. 103).

Já Francis Landy explicita suas ideologias racistas e classistas afirmando:

> [...] a pele branca é delicada, intocada, e facilmente se mistura com o simbolismo de brancura como pureza. A garota intocada, delicada é virginal, cuidadosamente criada dentro da sociedade para aguardar seu esposo. A garota negra – seja a síria bronzeada de Teócritos ou a empregada castanha de Menalcas ou a virgem de Amyntas – está disponível, e consequentemente menos idealizada e mais sedutora, atraente [...] sua cor escura é um indicador de classe, como um sotaque (LANDY, 1980, p. 55).

Seguindo essa linha de pensamento, não é difícil encontrar nos comentários bíblicos a explicação de que "no mundo mediterrâneo o cânon estético da beleza era a tez clara" (STORNIOLO, 2003, p. 28). E a mulher negra está relacionada não somente à concepção de pecado, como também à de "libertinagem e permissão sexual" (LANDY, 1980, p. 55). Ainda com esse tipo de raciocínio, no qual Cântico dos Cânticos 1,6 é usado como chave hermenêutica para compreender Cântico dos Cânticos 1,5, Andiñach declara:

> [...] na Antiguidade a cor branca de pele era considerada como um traço de nobreza e alto nível social. O fato estava vinculado ao seguinte: os escravos e o povo em geral tinham que trabalhar diariamente ao ar livre, enquanto os ricos e cortesãos se protegiam do sol morando em suas casas. As filhas de Jerusalém tinham um semblante claro porque não trabalhavam e sua vida citadina permitia-lhes cuidar de sua pele (ANDIÑACH, 1998, p. 54).

Leituras como essas promovem o imaginário racista, no qual a estética branca é atrelada ao belo, bom e santo, em contraposição à estética negra, que é considerada feia, má e, sobretudo, uma consequência do pecado. A redenção da pessoa negra fica vinculada à negação de si mesma, de sua própria corporalidade e cultura para salvar a alma na medida que esta fica "mais alva que a neve"[76]. Evidentemente, essa estética racista nega a participação das culturas africanas na história da salvação do povo de Deus e suplanta as raízes africanas do cristianismo.

---

76. "Alvo mais que a neve" é o refrão de um tradicional hino que cristãs e cristãos evangélicos entoam em quase todos os seus cultos.

Porém, para refutar essa estética racista, ao comentar o poema da "mulher negra e formosa", Victor Morla diz que, "no Oriente, o normal era e segue sendo ter a pele morena" (MORLA, 2004, p. 102). Para ele, não existe na literatura do Próximo Oriente Antigo nenhum documento que justifique esse raciocínio estético, no qual a pele branca seja considerada o ideal de beleza feminina e de santidade. É possível, então, que o poema em Cântico dos Cânticos 1,5-6 seja uma evidência de que as pessoas do Próximo Oriente Antigo, do qual se originou o Antigo Testamento, não fossem tão brancas (ou pelo menos a percepção estética não fosse racista) como se acreditou e se disseminou por séculos pelas ideologias racistas.

Por que é tão difícil aceitar que a mulher em Cântico dos Cânticos 1,5-6 tem mesmo a pele preta e não que sua pele ficou preta devido ao sol que a queimou ou que é fruto do pecado? Ademais, como bem recorda Maiztegui Gonçalves, acreditar que o sol em excesso só prejudica a pele branca pode constituir uma evidência de preconceito contra a mulher negra (MAIZTEGUI GONÇALVES, 2001, p. 102).

Supõe-se que a dificuldade em aceitar que essa mulher é preta de natureza, ou mesmo, que ela se autocompreende como uma mulher não branca, e não que sua pela ficou preta pelos efeitos do sol, tem a ver com a mesma questão levantada pelos Pais da Igreja: "Como pode qualquer coisa negra ser bela, ou qualquer coisa bela ser negra?" A saída encontrada pelos Pais da Igreja para essa questão foi interpretar Cântico dos Cânticos 1,5-6 alegoricamente, ou seja, negar toda alteridade da mulher negra. Para os intérpretes contemporâneos, a saída encontrada parece ter sido a de usar Cântico dos Cânticos 1,6 como chave interpretativa de 1,5 e advogar que há apenas um único sentido (monossêmico) para os poemas em Cântico dos Cânticos 1,5-6, a saber: a opressão sofrida pelos irmãos da jovem sob o ardor do sol, que "prejudicou" sua pele e, consequentemente, sua beleza.

Não há evidência textual capaz de comprovar que essa mulher, que se autoapresenta como negra e bela, seja etnicamente negra (HOORNAERT, 1988)[77]. Por outro lado, não se pode negar que essa mulher se autorreconhece como uma mulher não branca, e que sua percepção estética a vincula a pessoas africanas. Não apenas isso, também é possível perceber, por meio de sua autoapresentação, que negritude e beleza são termos perfeitamente conjugáveis, pois ela diz: "Eu sou negra e eu sou bela".

Diante do exposto, acreditamos que o levantamento dessa problemática, negritude *versus* beleza, não ajuda a construir uma identidade afro-feminista a partir de Cântico dos Cânticos 1,5-6, pois se trata de uma maneira de camuflar o verdadeiro papel dessa mulher no texto. Nessa perspectiva, torna-se necessário o estabelecimento de outro centro que permita a visibilidade da mulher negra, bem como seu protagonismo na narrativa bíblica.

---

77. Na pesquisa bíblica, é considerada como evidência textual etnicamente negra a aparição dos termos *Cuxe*, *cuxita* e *etíope*. Na tradição bíblica, Etiópia e Cuxe são sinônimos. Sendo cuxitas o termo que a Bíblia usa para se referir aos etíopes, Etiópia vem do grego *Aithiopia*: "queimado do sol". Na Bíblia, esses termos estão registrados em: Números 12,1; Sofonias 1,1; 2 Samuel 18,21-33; Jeremias 36,14 e 38,7-13; dentre outros textos.

3 África no centro da autodescrição

Fica evidente a tentativa da teologia eurocêntrica de neutralizar e remover a positividade do protagonismo negro do texto bíblico. Em textos que tratam explicitamente de pessoas de origem afro-asiática (cuchi/cuchistas, núbio, etíopes, egípcios), negra ou negro, enaltecendo sua beleza, poder, riqueza ou sabedoria, faz-se necessário comprovar, de todas as formas possíveis, que o texto está apresentando uma "figura de linguagem", uma "mensagem cifrada" ou "proverbial".

A afro-colombiana Maricel Mena López chama a atenção para o fato de que não basta listar a presença negra na Bíblia, "mas colocar nossa presença no centro" (LÓPEZ, 2006, p. 22). Portanto, é imprescindível estabelecer outro centro capaz de privilegiar a cultura e a religião afro-asiáticas, em especial, ampliando a cosmopercepção que leve em consideração as relações multiculturais que faziam parte da experiência sociorreligiosa no antigo Israel.

Em Cântico dos Cânticos 1,5-6, a manipulação na tradução da partícula *"vav"* (e, mas, porém) e *shahorah e sheharehoret* (negra), acrescentada à omissão da variação Salma, acaba contrapondo negritude e beleza e, assim, ocultando a identidade dessa mulher, bem como, uma aproximação com a maneira como os personagens bíblicos se autocompreendiam. Por isso, cabe retomar essas informações e perguntar: Quem é esta mulher? Segundo o próprio texto, a identidade dela está vinculada às tendas de Quedar e de Salma, pois ela diz: "Eu sou negra e eu sou bela [...] como as tendas de Quedar e as tendas de Salma" (cf. Ct 1,5). Muitos pesquisadores não têm problema em assumir que Quedar e Salma são duas tribos árabes, mas o sentido delas no poema é pouco discutido. Aparentemente, pouco se sabe de Salma[78] e Quedar[79]. Há um grande silêncio em relação à origem dessas tribos e o que elas têm a ver com a história do antigo Israel. Quebrar esse silêncio pode ajudar a compreender o papel dessa mulher que se autodefine a partir de Quedar e Salma.

Sabe-se que as populações nômades ou seminômades de beduínos faziam uso da pele de cabra preta para confeccionar suas tendas. A própria raiz *qdr*, de Quedar, significa ser escuro, negro, moreno (MORLA, 2004, p. 102). Ambas as tribos viviam em tendas feitas de pele de cabra preta. Assim, a primeira identificação com Quedar e Salma está na imagem evocada da cor preta da pele de cabra. A mulher de Cântico dos Cânticos 1,5-6 se autorreconhece como preta, assim como são pretas as tendas de Quedar e Salma.

Segundo a tradição bíblica, Quedar é o nome do filho de Ismael, que era filho de Agar, a egípcia, com Abraão (Gn 25,28), isto é, Quedar seria neto da matriarca Agar. Para Luís Stadelmann, a menção de Quedar em Cântico dos Cânticos 1,5-6 é uma maneira proverbial de se referir a "lugares mais inóspitos ocupados por habitantes avessos à *civilização*" (STA-

---

78. Salma é um povo árabe que vive no deserto; segundo a tradição, é conhecido como descendente do filho mais velho de Ismael, Nebaiot (Gn 25,13), também identificado como nabateus ou salomeus (TOURNAY; NICOLAY, 1970, p. 44).

79. Quedar era uma tribo beduína com o mesmo nome do território que ocupava.

DELMANN, 1993, p. 40, grifo nosso). Parece razoável pensar que Arábia ou Cuch "evocava admiração e sentimento de imensa distância" (SOARES, 1988, p. 32). Mas é tendenciosa a afirmação de que essa região é povoada por "habitantes avessos à civilização", pois tenta camuflar o grande trânsito que existia entre Egito, Cuch e Sabá, bem como suas riquezas e desenvolvimentos. O que têm em comum esses países? Todos eles são países africanos. Será que os intérpretes da Bíblia não estariam projetando o eurocentrismo ao se referirem aos países africanos na Bíblia?

Quando falamos de interpretação bíblica não existe problema para a tradição oficial aceitar que o Oriente – como a Assíria e a Babilônia – influenciou a constituição e a autocompreensão do antigo Israel. Contudo, tudo indica que há uma tendência em apagar a influência da África na formação da identidade dos israelitas, principalmente os egípcios, os cananeus e os cuchitas. Você já parou para pensar que as interpretações tradicionais da Bíblia (leia-se branca e eurocêntrica, inclusive a feminista) ignoram o fato de que o antigo Israel viveu por mais de 400 anos na África? E que essas interpretações ignoram as tradições africanas para acessar a autocompreensão e autopercepção do Israel bíblico? Com efeito, muitas tradições bíblicas são até hoje tradições africanas, como a Lei do Levirato descrita em Levíticos e que permanece em vigor em sociedades africanas como a iorubana. Certamente poderíamos compreendê-las melhor se não fosse o racismo no ato interpretativo.

Peter Nash atribui ao nosso "treinamento universitário" a responsabilidade por "impedir" e até "proibir" de ver a possibilidade desses conjuntos de cosmopercepções, a africana e o Antigo Testamento, estarem diretamente ligados. Nash afirma:

> Parece lógico que um povo, morando quatrocentos anos em um espaço definido, venha a pensar em si mesmo como parte de uma paisagem, e essa paisagem, então, comece a afetar as pessoas que interagem nela [...] É significativo [...] que mesmo as narrativas da fuga do cativeiro – as tradições do Êxodo – reconheçam as profundas conexões que os hebreus têm com seus vizinhos anteriores e sua terra natal [...] é possível ler os momentos do deserto, quando os hebreus ansiavam retornar às tarefas cotidianas de suas anteriores terras natais no Egito, como indícios de *saudades* (um anseio pelo conforto e segurança emocional e física de seu lar) pelos lugares de nascimento e mesmo suas casas nas quais nasceram e foram criados seus filhos (NASH, 2005, p. 49-50, grifo do autor).

Por isso, teólogas negras e teólogos negros propõem o estabelecimento de outro centro que considere a influência da África na autocompreensão cultural e religiosa do antigo Israel. Consequentemente, denunciamos a colonização do cristianismo pelo eurocentrismo e trabalhamos para descolonizar o cristianismo, isto é, remover sua roupagem eurocêntrica e etnocêntrica, para que a comunidade afrodiaspórica possa recuperar sua ancestralidade bíblica.

Assim, torna-se possível reconhecer por meio de relatos bíblicos "memórias que evocam a África como o criadouro literal e cultural da identidade israelita em seu começo" (NASH, 2005, p. 51). Quedar e Salma, por exemplo, são uma forte evidência dessa participação ativa e constante de povos afro-asiáticos na formação e autocompreensão do antigo Israel. Quedar e Salma descendem de Ismael, o pai de uma grande nação, os povos árabes (segundo a tradição). A raiz genealógica dos árabes está registrada em Gênesis 10, com os descendentes de Cam (Gn 10,6)[80]. É sabido que essa não é uma narrativa histórica, contudo, as narrativas "das origens dos e das israelitas podem ser úteis para entender como eles e elas se autocompreendiam e compreendiam o mundo ao seu redor"[81].

Cuch[82], um dos filhos de Cam (segundo a tradição), é considerado o grande patriarca dos habitantes das terras do sul; dele descendem os habitantes da Arábia (Hévila) e os de Sabá. O Egito e Canaã são seus irmãos. Esse texto, além de reproduzir as originais afinidades étnicas dos povos afro-asiáticos, reflete, também, seus relacionamentos geográficos e históricos (SOARES,

---

80. Segundo Gênesis 9,8-27, Noé amaldiçoou Cam porque este viu a nudez de seu pai e, por causa disso, o filho será servo de Jafé e Sem. Soares aponta para o caráter etiológico do texto diante de um problema que estava afligindo os israelitas. Eles precisavam explicar a subordinação dos cananeus. E fizeram isso colocando os cananeus debaixo de uma maldição (SOARES, 1988, p. 32-33). É sob a ideologia racista que, ao longo da história interpretativa, a maldição de Cam tem servido para legitimar a escravidão de povos africanos e até hoje legitimar o preconceito racial.

81. Peter Nash enfatiza que não se está tomando as histórias literalmente, mas literariamente, visto que essas histórias podem fornecer dados antropológicos, sem serem tomadas como afirmações antropológicas (NASH, 2005, p. 51).

82. Na tradição bíblica, Etiópia e Cus/Cuch são sinônimos, sendo cuchitas o termo que a Bíblia usa para se referir aos etíopes. Etiópia vem do grego *Aithiopia*: "queimado do sol" (HOORNAERT, 1988, p. 11-28).

1988, p. 32). Não apenas isso, mas esse mito também supõe uma grande conexão entre toda a humanidade (NASH, 2005, p. 53), ou seja, um multiculturalismo.

> [...] essas histórias mostram que, enquanto possa ter havido uma observação de características fenotípicas entre os povos, não havia um sentido de que eles eram tão distantes a ponto de serem irreconhecíveis como companheiros, seres humanos que tinham nascido do mesmo ancestral mitológico ou epônimo [...]. As culturas materiais dos israelitas e seus primos camitas [descendentes de Cam] e rivais cananeus são quase indistinguíveis. Os argumentos sociológicos para a teoria de que uma revolta camponesa ao invés de um êxodo do Egito representou os inícios de Israel até mesmo usam estas similaridades para sugerir que, em alguns períodos, elas eram uma e a mesma cultura (NASH, 2005, p. 73).

É evidente ser esse multiculturalismo uma experiência comum no antigo Israel, desde os primórdios, atravessando épocas, mas sendo suplantado com a imposição do projeto sacerdotal no pós-exílio. Esse foi um período xenofóbico, no qual o judaísmo pretendeu se impor como grandeza religiosa e cultural (ALBERTZ, 1999, p. 587)[83] em relação aos demais povos, nem que para isso negasse suas próprias raízes culturais e religiosas. Foi nesse período, o pós-exílio, que nasceu

---

83. A peculiaridade da comunidade judaica desse período foi a definição de si mesma como magnitude não apenas étnica, senão, concomitantemente, religiosa, ou seja, depois do retorno dos exilados houve uma simbiose de comunidade de fé e nação.

o judaísmo, sendo Esdras e Neemias os seus maiores representantes. Na nova sociedade judaica, idealizada pelos sacerdotes no pós-exílio, não se enquadra a experiência de Yahweh ao lado de outras divindades. Por isso, é preciso negar toda e qualquer influência religiosa de que o antigo Israel tenha bebido, desde os primórdios, quando ainda estava em formação na região de Canaã.

A autoapresentação da mulher de Cântico dos Cânticos 1,5-6 é um resgate da memória dessa experiência de Deus, a qual constituiu a autocompreensão do antigo Israel. Por meio desse poema, não apenas relembra as relações com os afro-asiáticos desde sua origem, ou seja, uma experiência multicultural, como também denuncia o modelo social que deseja suplantar essas relações.

Salma e Quedar remontam a uma mesma genealogia, ou seja, eles descendem de Ismael que, por sua vez, descende de Agar, a egípcia que foi considerada "concubina" (escrava) de Abraão e foi expulsa pelo patriarca (segundo a tradição em Gn 16,1-16 e 21,1-21). Savina Teubal informa que foram os redatores, sob a influência dos babilônicos e dos assírios, cuja tendência é marcadamente androcêntrica, que relegaram o papel de Agar ao de uma concubina e escrava (TEUBAL, 2000, p. 268). Mas, por meio das imagens evocadas em Cântico dos Cânticos 1,5-6, pode-se perceber que o papel de Agar no imaginário feminino ultrapassa o papel relegado a ela de escrava e concubina. Para Teubal:

> As histórias bíblicas [...] não falam de esposas ou concubinas banais, mas, em parte, sobre sacerdotisas ou visionárias que reco-

nheceram as divindades femininas da terra e receberam autoridade para profetizar e prever o futuro por meio da inspiração divina. Além disso, essas matriarcas receberam autoridade, ou deram a si mesmas a autoridade, para mudar a ordem social (TEUBAL, 2000, p. 273-274).

Resgatar a memória (GIERUS, 2004, p. 44)[84] de Agar, que foi exilada com seu filho Ismael (segundo a tradição), é resgatar o poder visionário dessa mulher. A mesma história estaria se repetindo em Judá, séculos mais tarde, quando mulheres estrangeiras foram expulsas, com seus filhos, do seio da comunidade, como podemos ver nos livros de Esdras e Neemias no tempo da construção do Segundo Templo. Essa experiência de resgatar a ancestralidade bíblica faz parte do conjunto de relações imagéticas que atuam como memória afetivo-social, ou seja, o imaginário social. Mediante esse resgate, pode-se perceber como essa mulher em Cântico dos Cânticos 1,5-6 apresenta-se como parte de uma coletividade. Resgatar Agar é resgatar o próprio passado. Isso confere sentido à vida, e, ao mesmo tempo, projeta para o futuro na construção da identidade. Recontar a própria história torna possível a libertação da evidência opressora do presente, enquanto motiva

---

84. Ter memória é ter poder. O poder da memória é sinônimo de poder da história. A memória é essa possibilidade de resistência ao esquecimento e ao conformismo. E de nada valerão nossos esforços para "resgatar" a memória se não for para liberar do esquecimento a criação (o ato de criar), esse poder que nos exige inventar o presente e deliberar sobre o futuro.

a explorar possibilidades que potencialmente existem e que devem ser relacionadas. É uma maneira de empoderamento das mulheres diante de situações de exclusão. Para Teubal:

> [...] a história de Agar não é só o registro de mudanças em um sistema social; ela é uma reavaliação dos valores sociais, a reordenação de uma filosofia de vida. O significado da vida de Agar é que ela foi capaz de alcançar tanto a liberdade social quanto a espiritual (TEUBAL, 2000, p. 274).

Segundo a tradição, Hagar foi expulsa da casa de Abraão, com seu filho Ismael e, diante da incerteza de seu futuro, encontrou-se com Deus. Esse encontro é uma experiência religiosa chamada teofania, que era considerada pela tradição patriarcal uma experiência exclusivamente masculina. "Deus age na epifania, Deus fala na teofania, sendo então a teofania uma experiência exclusivamente masculina e a epifania feminina" (LÓPEZ, 2006, p. 185). Um fato importante nesse relato é que Hagar é a única mulher na Bíblia que fala diretamente com a divindade (cf. Gn 16,13-14; 21,17-18). Não apenas isso, ela é a única mulher na Bíblia que dá um nome à divindade que resgatou a ela e a seu filho, *El'Ro'i* (o Deus que vê). Essa narrativa é o testemunho de que Agar era uma mulher dotada de grande poder espiritual.

> A coragem dela frente à adversidade, sua fé em si mesma e em sua dignidade, guiada por seu próprio poder espiritual, deve ser uma revelação para todas as mulheres. Acima de tudo, seu relacionamento íntimo com a

divindade e sua inspiração para moldar sua própria comunidade não devem ser esquecidos (TEUBAL, 2000, p. 275).

A memória de Agar como uma mulher de grande poder espiritual torna-se modelo que inspira outras mulheres a superar a violência praticada pelos sacerdotes do Segundo Templo e, concomitantemente, acreditar que há um caminho alternativo. Parece que a mulher negra em Cântico dos Cânticos 1,5-6 está apontando que outra experiência do javismo, não excludente, é possível. Não somente isso, mas também que a mulher pode, tanto quanto o homem, ter suas experiências com a divindade, não necessitando da mediação de um sacerdote masculino.

Considerações finais

Este ensaio de hermenêutica negra feminista constitui mais um passo no processo de agenciamento da mulher negra em vista da sua emancipação e libertação. Ele não pretende ignorar as contribuições do Movimento Feminista, do Movimento Negro e da teologia da libertação para o desenvolvimento desse processo. Mas a hermenêutica negra feminista acredita ser indispensável que a mulher negra seja sujeita no labor teológico e, assim, reconstrua a presença negra/africana feminina no mundo bíblico. Com isso, podemos implodir o imaginário hegemônico que foi construído com o apoio da teologia eurocêntrica e sua moral patriarcal, que relegou a mulher negra à condição de subalternidade. Que a força espiritual de nossas ancestrais africanas no mundo bíblico possa seguir alimentando a nossa fé e resistência.

Referências

ALBERTZ, R. *História de la religión de Israel em tiempos del antiguo testamento: desde el exílio hasta La época de los Macabeos*. Vol. 2. Madri: Trotta, 1999.

ANDIÑACH, P. *Cântico dos Cânticos: o fogo e a ternura*. Petrópolis, São Leopoldo: Vozes, Sinodal, 1998.

ANDRADE, E.L. Existe um pensar teológico negro? *In*: SILVA, A.A. (org.). *Existe um pensar teológico negro?* São Paulo: Paulinas, 1998, p. 75-91.

BEKKENKAMP, J.; DIJK, F. O cânon do Antigo Testamento e as tradições culturais das mulheres. *In*: BRENNER, A. *Cântico dos Cânticos a partir de uma leitura de gênero*. São Paulo: Paulinas, 2000, p. 75-96.

Biblia Hebraica Stuttgartensia. Sttutgart: Sociedade Bíblica do Brasil, 1967.

Bíblia Tradução Ecumênica (TEB). São Paulo: Loyola, 1994.

BOFF, L. *Teologia do cativeiro e da libertação*. São Paulo: Círculo do Livro, 1980.

BRENNER, A. (org.). *Cântico dos Cânticos a partir de uma leitura de gênero*. São Paulo: Paulinas, 2000.

COLOMBO, D. *Cantico dei Cantici*. Roma: Paoline, 1970.

CONE, J.H.; WILMORE, G.S. *Teologia negra*. São Paulo: Paulinas, 1986.

FIORENZA, E.S. *As origens cristãs a partir da mulher: uma nova hermenêutica*. São Paulo: Paulinas, 1992.

FRISOTTI, H. Povo negro e Bíblia: retomada histórica. *Estudos Bíblicos*, n. 19, p. 36-48, jan. 1994.

GIERUS, R. CorpOralidade: história oral do corpo. *In*: STÖHER, M.J. *et al*. *À flor da pele: ensaios sobre gênero e corporeidade*. São Leopoldo: CEBI, 2004, p. 37-51.

GREGÓRIO DE NISSA. *Omelie Sul Cantico dei Cantici*. Roma: Città Nuova, 1996.

HALKES, C.J.M.; MEYER-WILMES, H. Teologia feminista. *In*: GOSSMANN, E. *Dicionário de Teologia Feminista*. Petrópolis: Vozes, 2001, p. 502-505.

HOORNAERT, E. A leitura da Bíblia em relação à escravidão negra no Brasil-colônia (um inventário). *Estudos Bíblicos*, n. 17. Petrópolis: Vozes, 1988, p. 11-30.

LANDY, F. Beauty and the enigma: an inquiry into some episodes of the Sonho f songs. *Journal for the Study of the Old Testament*, n. 17, p. 55-106, 1980.

LÓPEZ, M.M. *Hermenêutica bíblica negra feminista latino- -americana*. 2003. Relatório de pesquisa. Disponível em: http://www.rebilac.net/documentos/articulos/Hermeneu tica%20Biblica%20negra%20feminista_MARICEL%20 MENA.pdf – Acesso em: 10 jun. 2011.

LÓPEZ, M.M. Hermenêutica negra feminista: de invisível a intérprete e artífice da sua própria história. *Revista de Interpretação Bíblica Latino-Americana* (*Ribla*), n. 50, p. 183-196, 2005.

LÓPEZ, M.M. Raízes afro-asiáticas do mundo bíblico: desafios para a exegese e a hermenêutica latino-americana. *Revista de Interpretação Bíblica Latino-Americana* (*Ribla*), n. 54, p. 21-46, 2006.

LÓPEZ, M.M. Teologia negra. *In*: BOTELHO FILHO, F.; SOUZA, J.C.; KILPP, N. *Dicionário Brasileiro de Teologia*. São Paulo: ASTE, 2008.

LORASCHI, C. Quem é esta que sobe do deserto e vem encostada ao seu amado? *Estudos Bíblicos*. Petrópolis, São Leopoldo: Vozes, Sinodal, 2000.

MAIZTEGUI GONÇALVES, H.E. *Cântico dos Cânticos: uma desconstrução das interpretações contemporâneas*.

Dissertação (Mestrado em Teologia) – Escola Superior de Teologia, São Leopoldo, 2001.

MORLA, V. *Poemas de amor y de deseo: Cantar de los Cantares*. Navarra: Verbo Divino, 2004.

NASH, P.T. O papel dos africanos negros na história do povo de Deus. *Estudos Teológicos*, n. 1, v. 42, p. 5-25, jan. 2002.

NASH, P.T. *Relendo raça, Bíblia e religião*. São Leopoldo: Centro de Estudos Bíblicos (CEBI), 2005.

ORÍGENES. *Commento al Cantico dei Cantici*. 3. ed. Roma: Citta Nuova, 1991.

PADILHA, G. Hermenêutica bíblica negra. *In*: LÓPEZ, M.M; NASH, P.T. (orgs.). *Abrindo sulcos: para uma teologia afro-americana e caribenha*. São Leopoldo: Sinodal, 2003, p. 110-130.

PEREIRA, N.C. Ah!...Amor em delícias! *Revista de Interpretação Bíblica Latino-Americana (Ribla)*, n. 15, p. 47-59, 1993.

RAVASI, G. *Cântico dos Cânticos: pequeno comentário bíblico AT*. São Paulo: Paulinas. 1988.

SILVA, J.W.C. *A beleza do corpo: uma apreciação do Cântico dos Cânticos a partir do corpo*. São Paulo: Paulinas, 1997.

SIMIAN-YOFRE, H. (coord.). *Metodologia do Antigo Testamento*. São Paulo: Loyola, 2000.

SOARES, S.A.G. Porventura não valeis vós para mim tanto quanto os negros? (cf. Am 9,7). *Estudos Bíblicos*, n. 17, p. 31-46, 1988.

STADELMANN, L. *Cântico dos Cânticos*. São Paulo: Loyola, 1993.

STORNIOLO, I. *O mistério do amor humano: o mais belo Cântico de Salomão*. São Paulo: Paulus, 2003.

TEUBAL, S.J. Sara e Agar: matriarcas e visionárias. *In*: BRENNER, A. (org.). *Gênesis a partir de uma leitura de gênero.* São Paulo: Paulinas, 2000.

TOURNAY, R.; NICOLAY, M. *El Cantar de los Cantares: texto y comentario*. Madri: Ediciones Fax, 1970.

TRIBLE, P. Depatriarchalizing in biblical interpretation. *Journal of the American Academy of Religion*, vol. 42, p. 42-48, 1973.

WRIGHT, R.J. *La Bibbia comentata dai padri*. Vol. 8. Ravena: Città Nuova, 2007.

Sobre as autoras

Ester Lucas José Maria

Teóloga moçambicana, católica, freira. Doutorada em Humanidades pela UCM e PUC-PR – Tese "Teologia e literatura: diálogo entre a teologia e a literatura de Paulina Chiziane no contexto africano". Mestrado europeu em Auditoria e Gestão de Qualidade em Laboratórios pelo Inesem – Business School – Espanha. Mestrado em Filosofia – Master of Philosophy in Philosophy by St Augustine College of South Africa – *"The self in the African thought"*. Licenciatura em Filosofia, Instituto Católico de Paris. Licenciatura em Teologia Bíblica e Sistemática, Instituto Católico de Paris. Docente de Antropologia Social e Teológica no Instituto Superior Maria Mãe de África (ISMMA). Docente de Teologia Dogmática e Antropologia Teológica e Introdução à Teologia no Seminário S. Pio X, em Maputo. E-mail: telyl@hotmail.com; esterlucasmaria@gmail.com

Florence Adetoun Oso

Teóloga nigeriana, católica, membro do Instituto das Irmãs do Coração Eucarístico de Jesus. Ela é uma yoruba do sudoeste da Nigéria. Atualmente é professora sênior no Departamento de Teologia e chefe-adjunta do Departamento de Teologia no Seminário de SS. Peter & Paul Bodija, Ibadan. Obteve o doutorado em Missiologia pela Pontifícia Universidade Urbaniana, Roma, e um diploma de pós-graduação em Educação pela Universidade de Jos. Atualmente atua como secretária-executiva da Associação de Teólogos Católicos da Nigéria (Cathan) e membro da Associação Internacional de Missiologistas Católicos (IACM); é membro associado do Center for World Catholicism and Intercultural Theology, DePaul University, Chicago. Atualmente é serva coordenadora da unidade da Rede Pan-Africana de Teologia Católica e Pastoral. Tem 16 publicações em capítulos de livros e revistas. Participou de 28 conferências dentro e fora do país e apresentou trabalhos em cerca de 20 delas. E-mail: flotoso@yahoo.co.uk

Josée Ngalula

Teóloga congolesa, católica, é membro da Congregação das Irmãs de Santo André. É uma das cinco mulheres nomeadas à Comissão Teológica Internacional pelo Vaticano (2021). Com essa nomeação do Papa Francisco, se tornou a primeira mulher africana a ser membro da Comissão Teológica Internacional. Estudou na Universidade Católica de Lyon, de 1984-1989, completando seus dois primeiros anos de Teologia. Graduou-se em Teologia em 1992.

A teóloga congolesa fez um ano de estudos de língua inglesa, de 1989-1990, em Birmingham, onde também seguiu um curso prático em ecumenismo e diálogo inter-religioso. Entrou em um programa de doutorado na

Universidade Católica de Lyon em 1997. Três anos depois defendeu sua tese, que avaliou os esforços de tradução no contexto da missão cristã (problema de tradutologia e lexicologia cristã).

Atualmente leciona em vários institutos teológicos no continente africano.

Notavelmente, é professora da Faculdade de Teologia na Universidade Católica do Congo e do Instituto Ecumênico Al Mowafaga, em Rabat, Marrocos. Fonte: https://www.ihu.unisinos.br. *E-mail*: ngalulajosee@yahoo.fr ou boniango@gmail.com

Lídia Maria de Lima

Teóloga afro-brasileira, protestante. Licenciada em Pedagogia pelo Claretiano Centro Universitário (2018); bacharel em Teologia pela Universidade Metodista de São Paulo (2009); bacharel em Comunicação Social/Jornalismo, Faculdade Integração Zona Oeste – FIZO (2004) e mestre em Ciências da Religião pela Universidade Metodista de São Paulo (2012). Foi professora da Universidade Metodista de São Paulo, atuando principalmente nos seguintes temas: trabalho de conclusão de curso; pesquisas em gênero; questões étnico-raciais; trânsito religioso, aconselhamento pastoral e violência doméstica. Atua como psicopedagoga. E-mail: lidia_mlima@yahoo.com.br

Lilian Conceição da Silva

Teóloga afro-brasileira, protestante. Bacharelado, mestrado e doutorado na área "Religião e Educação", pelas

Faculdades EST, de São Leopoldo/Rio Grande do Sul. Especialista em Educação de Jovens e Adultos (EJA) na Diversidade, pela Universidade Federal de Rio Grande (FURG/RS); ativista e feminista junto ao Centro Ecumênico de Cultura Negra (Cecune/RS); ao Coletivo de Mulheres de Jaboatão dos Guararapes; e à Rede de Mulheres Negras de Pernambuco. Pesquisadora junto ao Grupo de Estudos e Pesquisas em Educação, Raça, Gênero e Sexualidades Audre Lorde (Geperges), da Universidade Federal Rural de Pernambuco. E-mail: liliancsilva13@yahoo.com.br

Maricel Mena López

Teóloga afro-colombiana, católica. Licenciatura em Ciências Religiosas pela Pontifícia Universida Javeriana (1993), mestrado em Ciências da Religião pela Universidade Metodista de São Paulo (1997), doutorado em Ciências da Religião pela Universidade Metodista de São Paulo (2002) e Bacharel em Pedagogia pela Escola Normal Nacional (1986). Atualmente é professora/pesquisadora na Universidad San Tomas (UST), Colômbia. Tem experiência na área de Teologia. Atuando principalmente nos seguintes temas: feminismo, sabedoria, hermenêutica negra, história e cultura do Antigo Oriente, monarquia israelita e Etiópia, Egito, Sabá, Israel. E-mail: maricelmena@usantotomas.edu.co

MarySylvia Nwachukwu

Teóloga nigeriana, é religiosa da Congregação das Filhas do Amor Divino. Doutora em Teologia Bíblica pela

Pontifícia Universidade Gregoriana de Roma e licenciada (SSL) pelo Pontifício Instituto Bíblico. Desde 2002 ensina Teologia em instituições eclesiásticas terciárias e seminários. Atualmente é vice-chanceler adjunta da Universidade Godfrey Okoye, Enugu. Suas áreas de interesse de pesquisa incluem o Pentateuco, as Cartas de São Paulo e a teologia contextual. *E-mail*: nwachukwums@gmail.com

Sofía Chipana Quispe
Teóloga andina da Bolívia, católica. Membro da Comunidad de Sabias y Teólogas Indígenas de Abya Yala y la articulación de Teología y Pastoral Andina, Peru-Bolívia-Argentina. Compartilha seu caminho em comunidades de saberes alternativo e espiritualidades ancestrais nos territórios andinos. Anima a leitura intercultural e comunidades que se vinculam às palavras sagradas da vida nos diversos territórios da Abya Yala. E-mail: warmi_pacha@hotmail.com Portal da Ameríndia Continental: https://amerindiaenlared.org/blogs/contenidoBlog/21/tejiendo-sabidurias-y-espiritualidades/0/

Valdenice José Raimundo
Doutora em Serviço Social pela UFPE, protestante. Pesquisadora do programa de pós-graduação em Ciências da Religião e professora da graduação em Serviço Social da Universidade Católica de Pernambuco (Unicap). Líder do Grupo de Estudos e Pesquisas em Raça, Gênero e Políticas Públicas/Unicap. Membro da Academia Vitoriense de Letras, Artes e Ciências. Sócia do

Instituto Histórico e Geográfico da Vitória de Santo Antão. É integrante do Núcleo de Estudos Afro-Brasileiros e Indígenas – Unicap. Pesquisadora associada do Instituto de Estudos da África – IEAF/UFPE. Pró-reitora de pesquisa e pós-graduação – Unicap. Tem experiência na área de ensino, pesquisa e extensão, com ênfase nos direitos sociais, juventude, gênero, religião, movimentos sociais e questões étnico-raciais.

E-mail: valdenice.raimundo@unicap.br

Conecte-se conosco:

- **f** facebook.com/editoravozes
- **◉** @editoravozes
- **🐦** @editora_vozes
- **▶** youtube.com/editoravozes
- **☎** +55 24 2233-9033

www.vozes.com.br

Conheça nossas lojas:
www.livrariavozes.com.br

Belo Horizonte – Brasília – Campinas – Cuiabá – Curitiba
Fortaleza – Juiz de Fora – Petrópolis – Recife – São Paulo

  Vozes de Bolso

EDITORA VOZES LTDA.
Rua Frei Luís, 100 – Centro – Cep 25689-900 – Petrópolis, RJ
Tel.: (24) 2233-9000 – E-mail: vendas@vozes.com.br